오학준의 주변

일러두기

이 책의 판형은 125*188mm이다.
표지와 내지의 재질은 각각 CCP250g/m², 미색모조100g/m²이다.
표지는 먹과 별색(PANTONE Violet C)의 2도, 내지는 1도로, 오프셋 방식으로 인쇄했다.
표지는 유광코팅했으며, 무선 제본으로 제작했다.
서체는 주로 **아르바나**가 쓰였다. 이 밖에 Sandoll 그레타산스 등도 적재적소에 쓰였다.

우리의 자리
오학준의 주변: 끊임없이 멀어지며 가라앉기

2024년 6월 26일 초판 1쇄 발행

지은이: 오학준
기획총괄: 지다율
편집: 지다율, 김윤우
디자인: 기경란
발행처: 출판공동체 편않
등록일: 2022년 7월 27일
홈페이지: editorsdontedit.com
이메일: editors.dont.edit@gmail.com
인쇄: 제일프린팅
ISBN 979-11-979810-9-8 (03070)

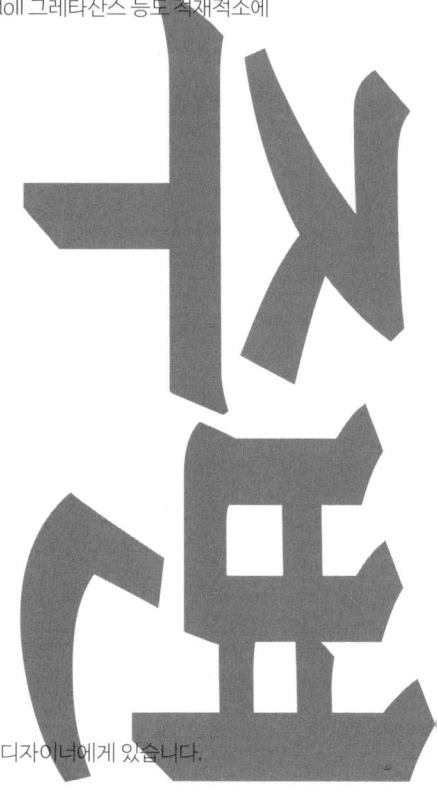

책에 실린 원고 및 디자인의 저작권은 저자와 디자이너에게 있습니다.
잘못된 책은 바꿔 드립니다.
책값은 뒤표지에 있습니다.

중앙지대

- 한글 맞춤법과 외래어 표기법은 웬만하면 따랐으나, "세바스찬", "삼네일", "벙찌다" 등은 말맛을 살려 그대로 두었다.
- 책 제목은 겹낫표(『 』)로, 단편·시·기사·논문 제목 등은 홑낫표(「 」)로, 영화·프로그램·시리즈·곡 등의 제목은 홑화살괄호(〈 〉)로 묶었다.

× 저자와의 협의에 따라 본문 인용에 대한 개별 허락 절차는 생략합니다. 다만, 인용시 출처(저자, 출판사, 발행 연도, 쪽수 등)를 명확히 표기해 주시기 바랍니다.

차례

0. 저널리스트는 아닙니다만 · 7
1. 가려진 정산서 사이로 · 19
2. 흔해 빠진 다큐멘터리 이야기 · 35
3. '리얼'의 그늘 · 69
4. '피자'의 아침 · 81
5. 언제나, 더미 런 · 97
6. '팝니다: 타인의 고통, 공감한 적 없음.' · 109
7. 그럼에도 불구하고, 18초 · 121
8. 스위트 홈 · 141
9. 재심이라는 벽 · 157
10. 얼렁뚱땅 역지사지 · 177
11. 시사의 시간 · 199
12. 방랑 PD · 215
13. 싸우면서 편성한다 · 231
14. 멋진 신세계 · 247

∞. 그래서 뭘 말하고 싶었냐면······ • 267

+. 감사의 말 • 283

편집자 코멘터리 | 고통 구경하는 사회를 구경하는 고통 • 285

O, 저널리스트는 아닙니다만

자신에게는 두 개의 생활이 있다. 하나는 원하는 사람이라면 누구나 볼 수도 있고 알 수도 있는 그런 공개된, 상대적 진실과 상대적 거짓으로 가득 찬, 주위 사람들의 삶과 아주 닮은 그런 생활이다. 다른 하나는 은밀하게 흘러가는 생활이다. 우연히 이상하게 얽힌 어떤 사정에 의해 그에게 소중하고 흥미로우며 반드시 있어야 하는 것, 그 속에서라면 그가 진실하고 또 자신을 속이지 않아도 되는, 그의 생활의 핵심을 차지하는 그런 모든 것은 다른 사람들에게 알려질 수 없다.*

이 글은 실패담이다, 잠정적으로는. 사람들이 방송사 PD의 글에서 기대하는 건 왜 훌륭한 PD가 되었고, 유명한 누굴 만났으며,

* 안톤 체호프, 『개를 데리고 다니는 부인』(보급판), 오종우 옮김, 열린책들, 2008, 271쪽.

잘나가는 프로그램을 어떻게 만들었는지 발견하는 것이리라. 하지만 나는 딱히 기억에 남는 프로그램을 만들지도 못했고, 화제가 될 만한 취재를 해낸 적도 없다. 10년 넘게 일했는데, 솔직히 사람들의 시간과 관심을 빼앗는 데 그다지 성공하지 못했다. 멋진 프로그램의 제작 노하우나 프로그램의 재미있는 뒷이야기라도 알려 주고 싶지만 내 능력 밖의 일이다. 그걸 기대하고 집어 들었다면…… 음, 미안하다.

방송을 그만두고 다른 일을 찾아보라는 권유 혹은 조롱(?)을 많이 들었다. 공부하면 세상을 바라보는 시각의 해상도가 더 높아진다는 말도 있는 마당에. 가령 "너는 방송사보단 대학원이 어울리는 것 같아"같이 공부에 대한 부박한 인식이 타인에 대한 공격 수단이 되는 곳이 아직 있다. 그래도 어쨌든 버텼다. 매일 부서지는 마음을 안고 제작에서 편성, 뉴 미디어까지 회사 안에서 유령처럼 떠돌았다. 깃드는 곳이 달라질 때마다 정체성에도 혼란이 왔지만 그렇다고 그만둘 용기는 없었다. 이불 밖은 춥고, 밥벌이는 신성하므로. 오늘도 어제를 잊은 사람처럼 말갛게 표정을 지우고 출근한다. 윤시내의 〈어제는 어제〉를 흥얼거리며 엘리베이터를 탄다. "이름도 얼굴도 다정한 눈빛도, 기억할 수 있는 건 모두 잊었다오……." 어쨌든 이 문장을 쓰는 오늘도 살아남았으므로, 이 글은 생존기다.

방송사는 매일 사람들로 북적이지만, 외로운 곳이다. 아무리 가까이 있어도 서로의 기운이 잘 느껴지지 않을 때가 많다. 매해 정규직으로 방송사 교양국이라는 세계에 발을 들이는 사람은 넉넉히 세면 서른 명 정도*로, 방송사 단위로 쪼개 보면 많아야 네댓 명에 불과하다. 그마저도 '체셔 캣'**처럼 미소만 남기고 각자의 일터로 사라진다. 특히 노동 시간이 길고 일이 힘하기로 유명한 시사 고발 프로그램에 들어간 사람들은, 안개 속으로 사라진 사람처럼 한동안 잊힌다. 우리는 매일같이 출근하고, 매일같이 실종된다.

세상과 사람을 잇는 게 방송이라지만, 정작 방송을 만드는 사람들이 세상과 얼마나 연결되어 있나 반문하는 매일이다. 워낙 적게 선발하니, 뽑힌 사람들은 발가락처럼 서로 닮았다. 이 세계 사람들의 평균이 바깥 세계의 그것과 얼마만큼 멀어져 있는지도 자각하기 어렵다. 자기 이름을 알리는 데 성공한 몇몇 이들은 선망과 원망을 자아내는 PD의 이미지를 만들어 판다. 그 환상이 아름다운 만큼, 실망도 크다. 혼자 일할 수 없는 곳에서 모두 다 자기가 해냈다고 말하는 모습을 들을 때 나는 그와 함께 일하는 이들의 고통은 없을지 떠올린다.

"절정 위에는 서 있지 않고 암만해도 조금쯤 옆으로 비켜서 있"***는 사람의 말이 필요할지도 모르겠다. 모두가 원하지만 소수

- 과학기술정보통신부가 발표한 「2022 방송산업 실태조사 보고서」에 따르면, 2021년 지상파 방송사가 신입으로 선발한 정규직 PD는 107명이다. 교양국이 모든 방송사에 있는 것이 아니니, 넉넉히 30%라고 해도(아주 넉넉히 잡은 것이다) 30명 안팎일 것이다. 지상파가 아닌 방송사업자까지 포함해도 100명을 넘기긴 어려워 보인다.
-- 『이상한 나라의 앨리스』에 등장하는 순간이동이 가능한 고양이. 앨리스가 너무 급히 사라져서 어지럽다고 하자 천천히 사라져 주는데, 그중 기묘한 미소는 가장 마지막에 사라졌다.

의 사람들만 설 수 있는 좁은 중심에 대해선 누구나 말을 얹는다. 하지만 정작 누구도 원하지 않으나 대다수가 서 있어야 하는 주변에 대한 말은 드물다. 이곳에 대해 말하려면 자기가 중심에서 밀려나 있다는 사실을 인정해야 하니까. 장삼이사가 되려고 사는 건 아닐 테지만, 결국 우린 대부분 장삼이사가 된다. 그런데, 장삼이사라고 입이 없겠습니까?

'저널리즘'에 관한 책을 써 달라는 편집자의 요청에 오래 망설였다. 교양 PD의 정체성을 구성하는 다양한 요소들 가운데 '저널리스트'는 일부이거나 일시적이다. 입사하자마자 다큐멘터리나 시사 고발 프로그램에 들여보내는 회사도 없거니와, 자의든 타의든 계속 그곳에 머무르지도 못한다. 게다가 교양국에 시사 프로그램이 없는 경우도 있다. 정치 이슈를 본격적으로 다루는 것도 아니고, 사회 문제에 심도 깊은 질문을 던지는 것도 아니라면, 교양 PD는 저널리스트일 수 있을까?

10년 넘게 일하면서, 정작 시사 고발 프로그램이나 다큐멘터리 프로그램에서 일한 경험은 고작 3년 정도다. 나머지 시간은 오래된 정보 프로그램이나, 예능인지 교양인지 구분하기 어려운 신규 프로그램들에서 보냈다. 처음엔 가고 싶은 곳에 보내 주지 않아 답답했지만, 시간이 어느 정도 흐른 후엔 이 프로그램들의 가치와 힘을 깨달았다. 방송을 보는 사람들이 꼭 내 또래만 있는 것도 아니고, 나와 취향이 같은 사람들만 있는 것도 아니며, 내가 아닌 그들을 위한 프로그램을 만드는 게 방송사의 일이라는, 그 단순하지만 확고한 교훈까지.

여러 프로그램을 메뚜기 뜀뛰듯 돌아다녔다. 옮길 때마다 편견이 판판이 부서졌다. '이것도 교양국에서 만들어?'와 '이게 교양국 소관이 아니야?'를 오가는 시간이었다. 오늘날 화제인 한 연애 프로그램은 한 교양국 PD의 특집 다큐멘터리에서 시작되었다. 교양 프로그램들이 즐겨 사용하던 관찰 카메라와 인터뷰 작법을 그대로 차용한 예능 프로그램들이 성공하는 모습을 보기도 했다. 경계를 건너뛰는 사람들이 성공하고 대접받는 시대가 되었다고 생각했다.

경계가 흐려질수록, 한편으로는 은근한 고집을 부리고 싶어졌다. 영화 〈라라랜드〉(2016)에서 정통파 재즈에 집착하는 보수주의자이자 자기 고집대로 살다가 다 말아먹을 뻔한 세바스찬 와일더처럼, 교양 PD의 고유한 자리가 있다고 믿고 싶었다. 누구나 경계를 뛰어넘기를 요구받는 시대에, 그게 가당키나 한지는 모르겠지만.

••• 김수영, 「어느 날 고궁을 나오면서」(1965), 『김수영 전집 1』(2판), 민음사, 2003, 314쪽.

자기가 관심 있는 콘텐츠가 아니면 쳐다보지도 않을 수 있는 시대에, 사람들의 관심을 끌어모으려면 당연히 재미와 자극적인 요소들을 적절하게 배치해야 할 것이다. 그러니 '연성화'가 꼭 나쁘지만은 않을지도 모른다. 가끔 선배들은 초등학교 5학년도 프로그램을 이해할 수 있도록 만들라고 조언했는데, 그게 무엇이든 시청자가 원하는 대로 보여 줘야 한다는 뜻이었다. 누구도 보지 않는 좋은 이야기는 결국 제작자의 자기 위안에 불과할 수도 있으니까.

　　공익을 위한다고는 하지만, 방송사도 결국 돈을 버는 기업이다. 기업은 상품을 팔아야 한다. 방송사의 상품이란 콘텐츠고, 콘텐츠를 소비하는 사람들이 가장 중요하게 생각하는 기준은 결국 재미다. 썸네일을 어떻게 만드느냐에 따라 영상 조회 수가 달라지는 것처럼, 포장을 어떻게 하느냐에 따라 똑같은 사실도 무관심의 대상에서 모두가 언급하는 가십거리가 될 수 있다. 그래서 방송사에서 배우는 일 중엔 포장하는 능력을 기르는 일도 포함된다.

　　포장에 가장 잘 쓰이는 효과적인 재료는 타인의 고통이다. 보는 사람들이 두 번 생각하지 않도록 직관과 감정을 빠르게 건드리는 재료다. 사람들이 고통의 원인에 관심을 가지도록 만들기 위해선, 일단 고통을 '판매'하는 수밖에 없다. 연예인처럼 누구에게나 알려진 사람들이 아니라, 보통의 사람들을 볼거리로 만드는 건 그들이 경험하는 고통, 그리고 그들이 불러일으키는 신기함이다. 누군가의 삶을 뒤흔드는 슬픔이나 놀라운 능력은 그 사람에 대한 이야기에 사람들이 몰입하게 만든다. 우리가 인간인 이상, 고통이라는 포장재의 효과는 사라지지 않는다.

하지만 종종 메시지는 사라지고 고통의 순간만이 반복해서 사람들의 입에 오르내린다. 고통의 원인을 해결하기보다, 사람들의 관심을 추수하는 데 집중하는 이들 때문이다. 그들은 눈과 귀를 사로잡을 문장과 헤드라인으로 사람들의 관심만 쏙쏙 뽑아 먹는다. 저널리즘이라는 말에 덧씌워진 거창한 의미를 걷어 내면, 일종의 '상도덕'이 남을 것이다. 그리고 그 상도덕은 자주 돈 앞에서 무너진다. 헌법이 정한 언론의 자유라는 게, 언론사가 마음대로 타인의 고통을 난도질할 자유는 아니지 않은가? 저널리즘이 일종의 알리바이가 되고 있는 것은 아닌가?

운 좋은 월급쟁이들이 분에 넘치는 역할을 떠맡은 것은 아닌가? 취재를 마치고 나면 "명치 부근에 차곡차곡 칼처럼 쌓여 가던 남은 질문들"●에 가슴을 매번 베였다. 사람의 밥벌이는 신성하다지만, 그 일이 세상의 고통을 사냥하는 것이라면 대체 어디까지 허용되어야 하는가? 사냥꾼이 아무리 먹고살기 위해 죄 없는 생명을 끊을 수밖에 없다고 할지라도, 그 사냥이 자랑의 대상이 될 수는 없는

● 김인정, 『고통 구경하는 사회』, 웨일북, 2023, 265쪽.

노릇이다. 그런데 종종 우리는 박제를 자랑하듯 산다. 경건해야 할 필요가 있지 않나? 나의 식사엔 오늘 세계의 고통이 몇 알이나 들어가 있을까. 시사 프로그램을 끝내고 나면 매번 입이 썼다.

바깥을 향해서는 매서운 시선이, 정작 안으로는 누그러지는 모습을 견디는 일도 쉽진 않았다. 방송 프로그램을 통해서는 노동 문제, 성차별에 대해 입바른 소리들을 늘어놓지만, 정작 비슷한 일이 안에서 벌어지면 정면으로 마주하지 못하는 경우들도 있었다. 회사원이라는 정체성이 저널리스트라는 정체성보다 종종 앞섰다. 누군가의 노동은 '열정'이 되고, 대부분의 사람들에게 육아나 출산은 시기상조처럼 여겨졌다. 세상은 빠르게 바뀌는데, 이곳의 시간은 조금씩 느리게 흘러갔다. 그 시차를 만드는 데 나도 일조했다.

앞서 고민했던 선배들은, 비슷한 고민에 짓눌리는 나를 볼 때마다 "우리는 우리의 할 일을 하자"는 말로 다독거렸다. 그러나 제대로 해내지 못하면 고통만 늘릴 뿐인데, 어떻게 하면 제대로 하는 것인지 나는 잘 몰랐다. 매력적인 스토리 라인을 구성하고, 자극적인 사례들을 배치하는 게 우리 할 일을 제대로 하고 있는 것인지 확신할 수 없었다. 쉽게 몰입할 수 있는 스토리텔링 포맷을 가지고 있다는 게 정말로 자랑스러운 일인지도 모를 일이었다. 이게 저널리즘인가? 내가 저널리스트인가? 오래 갈팡질팡했다.

무엇이 정답인지 몰라서 한동안 도망 다녔다. 지금도 뾰족한 답은 없다. 조금 더 다녀 보면 답을 찾을 수 있을까? 나는 대체 누구고, 뭘 하는 사람인 걸까?

"…… 아무래도 전 안 되겠습니다. 전 글을 쓸 수 있는 인물이 아니에요. 제게서 무엇을 보셨든 간에 전 편집자님이 생각하시는 글을 쓸 수 없어요. 계약금은 보내신 계좌로 고스란히 돌려드리겠습니다.……"• 마치 메일을 사찰당한 느낌의 문장을 읽고, 이대로 복사해서 거절의 메일을 보내야 하나 고민했다. 무엇을 기대하든 독자-편집자-저자 모두를 실망시키는 글을 쓸 것 같아서, 쓰고 지우기를 반복했다. 집필은 무한히 늘어졌다.

그래도 쓰겠다고 결심한 건, 그다음 문장 때문이다. "누군가는 나와 같은 마음으로 책과 책의 곁가지를 사랑할 것이라는 믿음 때문이다."•• 조금 비틀면, 누군가 나처럼 방송과 방송의 곁가지를 사랑할 것이란 믿음 때문이다. 여전히 교양 PD란 대체 뭔지, 좋은 프로그램이란 무엇인지 고민하고, 자신의 모순을 고백하고, 함께할 사람들의 삶의 조건을 바꾸려고 허우적대는 그런 사람들이 있을 것이니까. 세상에 필요한 방송을 만들겠다고 매일 실패하는 사람들

- 　김보령, 「만져지지 않는 책과 사람을 사랑하는 일」, 금정연 외, 『책에 대한 책에 대한 책』, 출판공동체 편않, 2023, 35쪽.
- •• 　같은 책, 36쪽.

이 있을 것이므로.

방송(broadcast)이라는 말은 널리(broad) 퍼트린다(cast)는 뜻이라고들 한다. PD란 사람들 마음에 파종하는 농부인지도 모른다. 아니면 우주 어딘가에 있을 외계 생명체를 향해 메시지를 보내던 과학자들인지도.

여기, 실패하고 있는 사람이 있다. 당신이 보고 위로를 얻을 만한 그런 실패를 반복하는 사람이. 거기도, 사람 있습니까?

1. 가려진 정산서 사이로

제가 제대로 지원한 게 맞나요?

나는 '땜빵'이었다. 그해 1월에 이 방송사에선 공채 모집을 해서 제작 PD를 여섯 명 뽑았는데, 그중 한 사람만 빼고 전부 예능 부서로 가 버리고 말았다.* 제작본부 내에서 격론이 오간 끝에 한 번 더 공채를 모집하기로 했다(고 들었다. 진실은 저 너머에). 졸업을 앞두고 막연히 저널리스트를 꿈꾸던 내가 우연히 보게 된 공고가 바로 이것이었다. '언론고시'에서 고배를 연거푸 마신 학교 선배들의 얼굴이 아른거렸다. 한 번에 통과하긴 어렵겠지만 이것도 경험이 되겠지 싶었다. 마감을 앞두고 간신히 원서를 접수했다.

나름 운이 좋았다. 상식 시험을 준비하기엔 시간이 부족했는

* 그땐 교양국과 예능국을 통합해 제작 PD를 선발한 후에 지원하는 곳에 따라 나눠 배치했다.

데, 그해엔 마침 상식 시험이 없었다. 대신 직무적성검사라는 새로운 제도가 처음 실시되었다. 주어진 상황에 정답이라 생각하는 행동을 고르는 시험이었는데, 모두에게 생소해서 평등했다. 그 외에 몇 가지 행운을 만난 덕에, 무난히 시험을 봤다. 그리고 방송사 사람이 되었다. 합격했으니 주말 지나고 보자는 인사팀 선배의 전화는 좀 당황스러웠다. 한 주 정도는 즐거움을 만끽할 시간을 주지 않을까 기대했는데. 그래도 어떠랴. 부끄럽지 않은 밥벌이를 할 수 있을 거란 생각에 들떴다.

회사는 미로 속에 있었다. 회사 주변의 도로들이 대부분 일방통행이라, 몇 번이나 근처를 맴돌았다. 그래도 조금씩, 유리로 뒤덮인 고층 건물이 가까워졌다. 좋은 프로그램을 만들어 세상에 도움이 되는 일을 할 수 있겠다는 생각에 기뻤다. 거리에서 돌을 던지며 세상의 부조리에 항의하던 날들이 헛되지 않았다는 마음에 들떴다. 세상을 좀 더 낫게 만드는 데 힘을 보탤 수 있을 거 같아 두근거렸다. 당장은 아니지만, 버티고 배우면 나도 쓸모 있는 사람이 될 거라고 생각했다.

로비에 앉아 있으니 한 사람이 왔다. 인사팀에서 온 선배였다. 누가 봐도 신입 사원 티가 나는 어색한 자세에 한눈에 알아봤다고 했다. 삐걱거리며 고개를 숙였다. 목에 걸고 있던 신분증을 쭉 잡아

당겨 출입구에 댔다. 앞으로 수천 번도 넘게 들을 '삑' 소리가 들렸다. 직원이 아니면 들어설 수 없는 곳에 들어섰다. "아직은 인턴 신분이에요. 3개월은 더 있어야 정직원이 될 수 있어요." 들뜬 마음을 알았는지 선배는 나지막한 목소리로 말했다. 엘리베이터는 빠르게 솟아올랐고, 마음은 바닥으로 빠르게 꺼졌다. 아직 끝이 아니구나.

선배는 15층으로 우리를 데리고 갔다. 목적지가 어디인지도 모른 채 복도를 걸었다. 복도엔 각종 촬영 장비들이 널브러져 있었다. 학교 동아리에서도 쓰던 기종의 카메라들과, 목적을 알 수 없는 각종 소품들이 가뜩이나 좁은 복도를 반쯤 막고 있었다. 고개를 내밀어 근처 사무실을 훔쳐보았다. 누군가는 머리를 쥐어뜯고 있었고, 누군가는 통화하는데 목소리가 커지고 있었다. 머리를 감은 지 좀 되어 보이는 사람들이 표정 없이 바쁘게 사무실에서 뛰쳐나갔다. 마치 처음 해외의 공항에 내리면 그 나라 고유의 냄새가 나듯이, 방송사에서도 그들만의 냄새가 났다. 같은 냄새가 날 때 동물들은 서로를 동족으로 느낀다고 하던데, 나는 언제쯤 그 비슷한 냄새가 날까.

가와바타 야스나리는 『설국』의 첫 문장을 이렇게 썼다지. "국경의 긴 터널을 빠져나오자, 설국이었다."* 그와 비슷한 마음이려나. 카메라와 장비들로 그득한 복도를 빠져나오니, 영수증과 청구

* 가와바타 야스나리, 『설국』, 유숙자 옮김, 민음사, 2002, 7쪽. 해당 책에서는 '설국'이 '눈의 고장'으로 옮겨져 있다.

서가 흩날리는 운영팀이었다. 앞서 지나온 곳들과는 사뭇 다른 분위기였다. 가끔 영수증을 붙인 종이를 가슴에 품고 사람들이 찾아왔지만, 전반적으로는 조용했다. 계산기 두드리는 소리, 종이 넘어가는 소리만 사무실을 채웠다. 사람들이 쳐다보는 화면엔 자릿수를 세기 무서운 숫자들이 어른거렸다. 우리를 이곳으로 이끈 선배는 사무실에 있던 다른 선배에게 잘 부탁한다며 말하고 사라졌다. '왜 저희는 여기에 있는 걸까요?' 우리의 얼빠진 얼굴이 이렇게 묻는 듯 보였나 보다. 숫자들과 씨름하느라 머리를 싸매고 있던 선배는 우리를 한 번 바라보곤 서류철을 뒤지기 시작했다. 이내 두툼한 인쇄물을 하나 찾았다.

툭, 묵직한 소리가 울렸다. 뭔가 하고 보니 프로그램 정산 관련 매뉴얼이었다. "앞으로 일주일간 여기 있는 내용들에 대해서 배울 거야. 앞으로 지겹게 다룰 내용이니까 꼼꼼하게 익혀야 해." 지원 부서를 잘못 쓴 건 아닐까? 목에 걸고 있는 신분증을 뒤집어 보았다. 제작본부라고 적혀 있는데, 뭔가 잘못된 거 아닌가요? 제가 제대로 지원한 게 맞는 거죠?

돈은 프로그램의 뼈대다

방송사는 기업이다. 상품을 팔아 번 돈으로 노동자를 고용하고 이윤을 남긴다. 물론 방송은 국민의 공공재인 전파를 빌려 쓰는 사업이다. 공적 책임을 져야 하고 공정성과 공익성을 지켜야 하지만, 어쨌든 사업이다. 사업은 이윤을 목표로 한다. (심지어 이 회사는 '상업' 방송사이다······.) 아무리 방송의 공적 책임에 적합한 프로그램이라고 하더라도 제작 비용을 감당할 수 없다면 끝까지 유지할 수 없다. 좋은 프로그램을 오래도록 전파를 타게 만들고 싶다면, 철저하게 계산적이어야 했다.

선배가 던져 준 매뉴얼에는 제작비의 '해부도'가 담겨 있었다. 프로그램을 제작할 때 필요한 비용에는 어떤 항목이 있는지, 각 항목의 표준 비용은 얼마나 되는지, 어떻게 비용 증명을 집행하고 검증하는지 같은 사항이 세세하게 쓰여 있었다. "어떻게 다른 사람들이 쓰는지 알아야, 너희들도 제대로 쓸 수 있지 않겠어?" 선배는 우리에게 '해부학자'가 되라고 했다. 선배들이 어떻게 제한된 예산 안에서 몸부림쳤는지, 그 흔적은 어떻게 남는지를 꼼꼼히 따져 보라고 했다. 그런데 어디에 남나요? 우리 물음에 선배는 말없이 '제작 기획서' 메뉴를 모니터에 띄웠다.

제작기획서는 전장(戰場)이었다. 예산을 조금이라도 늘리려는 제작진과, 예산을 조금이라도 줄이려는 편성의 줄다리기 결산서였다. 두 부서 모두 좋은 프로그램을 만들어 먹고살자는 대원칙에는 동의했지만, 돈 앞에서는 서로 아쉬운 소리를 해야 했다. 제작진이 오르는 인건비, 새로운 촬영 기법이나 제작 시스템 도입 등 제작비를 올려야 할 이유들을 들고 오면, 편성은 형평성 문제와 회사의 사업 전망을 논의의 테이블로 들고 왔다. 프로그램에 대한 믿음의 차이, 비용과 수익에 대한 관점 차이로 줄다리기는 종종 길어졌다.

교양 프로그램은 광고가 잘 붙지 않았다. 시청률이 높지 않았기 때문이다. 재미나 자극적 요소가 예능과 드라마에 비해 턱없이 적을 수밖에 없으므로. 광고가 주 수입원인 방송사 입장에서, 돈을 잘 벌지 못하는 교양 프로그램에 예산을 원하는 만큼 배정해 주긴 어려웠을 것이다. PD들은 끝내 부족한 예산안을 받아 들고 살아남기 위해 몸부림쳤다. 무언가를 조금 덜 쓰거나, 무언가를 조금 덜 찍었다. 어디든 빠듯한 건 다 마찬가지였겠지만……. 그 흔적들은 고스란히 방송에 남았다.

11년 전, 지금도 방송하고 있는 (하지만 이 책이 나올 때쯤이면 사라질) 프로그램에서 제작비 절감 차원에서 방청객을 쓰지 않기로 결정했었다. 녹화가 끝나고 나는 플로어 아래에 앉아 있는 아주머니들 앞에 섰다. 차마 오늘이 마지막이라는 말이 입에서 떨어지질 않았다. "오늘이 마지막이라며? 들었어. 우리 목소리 녹음한다며? 잘됐네. 오래 남겠어." 아주머니들은 한참을 웃었다. 나도 울다가 같이 웃었다. 마이크를 들고 소리를 땄다. 방정맞은 웃음소리, 용기를 주는 박수 소리, 땅이 꺼져라 내뱉는 한숨 소리. 수십 가지의 웃음과 울음을 테이프에 담았다. 그 소리들은 아주머니들의 바람처럼 여전히 프로그램과 함께하고 있다.

살아남기 위해 베어 낸 흔적들은 프로그램 제작기획서 위에 고스란히 남아 있다. "제작비 절감을 위한 동원 방청객 삭제." 그 문장들을 찾아 읽으며 누가 오늘은 또 프로그램을 만들기 위해 스스로를 잘라 냈나 상상했다.

알맞게 쓴다면야 좋겠지만

예산을 받기도 어렵지만, 쓰는 일도 쉽지 않다. 용도에 맞게 써야 하지만, 종종 급박하게 돌아가는 제작 상황 때문에 불가피하게 회색지대에 남는 비용들이 있었다. 전화도 되지 않는 오지에서 법인카드는 무용지물이고, 현금을 받고 영수증을 주는 문화가 낯선 지역도 있다. 오래전에 약속한 촬영을 갑자기 거부하더니 '출연료'나 '통행료'를 달라고 하는 경우도 잦다. 촬영을 접고 떠날 수는 없으니 어쩔 수 없이 비용을 치르긴 하는데, 조연출은 그때부터 머리가 복잡해진다. 프로그램 제작비에 '통행이 무료인 곳에서 치른 통행료' 같은 항목이 있을 리가 만무하므로. 현기증이 만발한다. 만약의 상황을 대비해 회사에서 간이 영수증을 발급받아 왔지만 문제가 다 해결되는 건 아니다. 현지 사람들에게 융통할 필요가 있다며 돈부터 받은 코디네이터가 짐을 몽땅 싸 들고 사라진 일처럼 영수증조차 받을 수 없는 경우도 있다.

어쩌야 하지? 사무실에는 기상천외한 사례들을 읍소하러 온 PD들이 줄을 서 있었다. 딱풀로 붙여서 떨어진 영수증들에 물풀을 다시 바르며 줄 선 사람들을 관찰했다. 사람들마다 대응 방법이 가지각색이었다. 당당하게 '방송을 위해 돈을 썼으니 처리해 주시오!' 외치는 사람들, '제가 정말 이 상황만은 피하려고 했는데 어쩔 수 없었소' 하며 읍소하는 사람들, 누가 봐도 저건 진짜 영수증이 아닌 것 같은데 알아볼 수 없을 거라 믿고 종이 쪼가리를 들고 온 사람들……. 가장 안타까운 건 자기가 쓰지도 않은 돈을 자신의 월급으로 메꾼 사람들이었다. 민폐를 끼치고 싶지 않아서 그랬다고 했다. 증빙을 하자니 마뜩잖고, 회사에서 계속 일하려면 관계를 원만하게 유지해야 해서 그랬다고 했다. 가장 약한 처지에 있는 사람들이 보이지 않게 갈려 나가고 있었다. 회사에 들어온 지 얼마 되지 않았지만 상상하던 곳과는 조금 다르다는 걸 조금씩 깨닫고 있었다.

잘게 쪼개진 정산서

숫자가 눈에 익어 가면서, 새로운 세계가 보였다. 밖에서 보았을 땐 매끈했던 회사와 정산서가, 안에서 보니 잘게 쪼개져 있었다. 제작비 안엔 이해관계의 균열이 있었다. 방송 프로그램 제작에 참여하는 사람들 가운데 상당수는 회사와 고용 관계에 있지 않다. 『미디어오늘』의 2022년 5월 4일 자 기사 「방송비정규직 실태조사 ① 지상파3사 시사·보도프로 프리랜서 인력 현황 최초 공개」•에 따르면 지상파 3사의 시사교양국 및 보도국에서 일하는 인원 가운데 50~60%가 비정규직(프리랜서, 파견직 포함)이다. 직군에 따라 100% 프리랜서인 경우도 있다. 메인 프로듀서를 제외한 전원이 프리랜서나 파견사원인 팀도 있을 정도다.

회사에서 만난 사람들 가운데 상당수는 비정규직이었다. 겉으로 보면 서로 구분하기 어려웠다. 똑같이 밤을 새워서 편집하고,

• 김예리, 「방송비정규직 실태조사 ① 지상파 3사 시사·보도프로 프리랜서 인력 현황 최초 공개」, 『미디어오늘』, 2022.05.04 입력/2022.05.12 수정(2024.04.18 확인).

머리를 감지 못해 기름이 흐르고 있고, 어제 입은 후드티를 오늘도 입고 지하 식당에서 밥을 입에 욱여넣는다. 집에 며칠이나 들어가지 못해 편집실이 내 집인지 잠깐 헷갈렸다는 농담을 나누고, 같이 컷의 순서를 두고 침을 튀기며 싸운다. 하지만 누군가는 2월에 연말정산을 하고 누군가는 5월에 종합소득세 신고를 한다. 누구의 월급은 정산서에 반영할 필요가 없고, 누구의 월급은 주별로, 건별로 나뉘어 기록된다.

    카메라 구도를 잡는 법, 고약한 선배들의 촬영에서 버티는 노하우를 알려 주던 어떤 선배는 관계가 꼬여 어느 날 자취를 감췄다. 좋은 실력으로 자극하던 비슷한 연차의 프리랜서는 미래가 보이지 않는다며 일을 그만두고 커피를 배웠다. 방송사에서 일한 지 얼마 되지 않은 막내 작가는 폭언을 견디지 못해 슬리퍼 한 짝만 덩그러니 남기고 회사를 떠났다. 한편으로는 몇몇 사람들의 환심을 사서 격에 맞지 않는 자리를 꿰찬 사람도 있었고, 불러 주는 곳이 많아 몸값이 천정부지로 오른 사람도 있었다. 능력과 인맥을 활용할 수 있는 사람들에게 느슨한 계약관계는 무기였지만, 갓 일을 시작한 사람들에게 그런 게 있을 리 만무했다.

    막내들이 언제나 궁색했다. 노동조합은 정규직을 위한 다양한 보호 장치들은 마련해 두었지만, 함께 일하는 비정규직 동료들을 지키기 위한 장치를 마련하는 데엔 서툴렀다. 때때로 조합원이 아닌 사람들까지 위해야 하느냐는 볼멘소리도 들렸다. 그때마다 조합도 이익단체라는 말을 실감했다. 비정규직들이 속한 단체들도 있었지만, 그들은 거기서도 별로 힘이 없었다. 누릴 것들을 전부 누릴 수 있는 사람들의 목소리가 큰 건 어디나 마찬가지였다. 보호막에서 비켜난 사람들만 연기처럼 사라졌다.

　　모든 사람들이 꼭 정규 계약 관계로 묶여야 한다고는 생각하지 않는다. 방송 프로그램의 성격이나 재원에 따라 그 규모는 변하니 최소한의 사람들만 정규 계약으로 묶어 두려는 회사의 선택이 이해가 가지 않는 것도 아니다. 하지만 '꼭 정규직 노동자로 인정받을 필요가 없지 않으냐'는 말이 부끄럽지 않으려면, 정규직이 아니어도 삶의 안정성을 확보할 수 있는 상황이어야 한다. 경제적 안정이 뒷받침되지 않은 고용 유연성이란, 단지 불안의 다른 표현에 지나지 않는다. 적어도 그 말이 누군가를 궁핍한 상황에 처하도록 방치하는 데 쓰여선 안 되지 않나?

　　노동조합도 회사도 그리고 각종 협회도, 일정한 침묵을 공유했다. 이윤을 내면서 '노동자'에게 인센티브까지 주려면 비용을 줄여야 한다는 게 회사의 입장이었다. 노동 집약적 산업인 방송계에서 인건비만큼 비용을 절감하기에 좋은 항목도 없었다. 누군가의

- 최근 노동조합은 회사와 단체협약을 새롭게 맺었다. 바뀐 단체협약에는 별정직 노동자들도 단체협약의 적용을 받을 수 있도록 하는 문구가 추가되었다. 그동안 별정직 노동자들은 방송사 노동자이면서도 단체협약상 주어진 권리나 혜택을 누릴 수 없었는데, 불완전하게나마 처우 개선은 이루어졌다. 하지만, 여전히 갈 길은 멀다.

생계가 '비용'에 달려 있는 한, 궁색한 처지는 개선되기 어려웠다. 자신을 위한 단체가 있느냐 없느냐에 따라 어떤 사람은 자신의 몫을 지켰고 어떤 사람은 주는 대로 받아야 했다.*

문제라고 생각하면서도 오래 망설였다. 모두에게 착한 사람이 되고 싶다는 알량한 욕심 때문이었다. 가장 취약한 처지에 있는 이들을 개인적으로 돕는 사람들을 모욕하고 싶지 않기도 했다. 구조가 그대로인데 선의만으로 문제가 해결되느냐는 비판은 근본적이고 온당하지만, 그다지 생산적이진 않다고 생각했다. 언젠가는 친숙한 사람들과 싸워야 할 것을 알면서도, 가능한 한 오래 싸움을 회피하고 싶었다. 오래된 침묵에 약간의 시간을 더 보탠다고 해서 상황이 크게 달라지지는 않으리라는 얄팍한 믿음도 있었다.

그러나 침묵이 침묵을 낳은 건 아닐까? 누군가 비슷한 생각을 하고 있거나, 비슷한 고민을 하고 있으면서도 모두가 침묵하기에 말할 수 없었던 사람이 있진 않을까? 구조적 문제든 개인적 문제든 누구도 나서서 해결해 주지 않는다는 냉소가 퍼질 만큼 충분한 시간이 흐르도록 내버려 둔 건 아닐까? 개인적 차원의 문제 해결이 나쁘다고 말할 수는 없지만, 배려를 베풀 여유가 없는 사람이 죄책감을 짊어지게 할 필요는 없다고 말해야 하지 않았을까? 그래서 함께 달라질 가능성을 모색해 봤다면 어땠을까?

침묵에 침묵을 보태는 사이에, 사람들을 잃었다. 침묵을 통해 내가 누리는 이득이 늘어나는 만큼, 내 마음은 조금씩 바스러졌다. 회사에서 사라진 사람들이 다른 곳에서 각자의 삶을 벼려 나가는 모습을 확인하면 안도했다가도, 이내 슬퍼졌다. 가끔 들려오는 죽음의 소문에 몸서리쳤다. 그들이 세상을 떠나기 전에 남긴 문장들을 읽고, 나는 조금씩 닮아 갔다. 소시민으로 살아남아서 오래 버티기로 했으나, 그저 버티고만 있는 시간이 점점 버거워졌다.

오늘이 마지막이라는 생각으로˙

하마구치 류스케 감독의 영화 〈악은 존재하지 않는다〉(2023)를 보았다. 영화의 마지막 장면에서 타카하시(코사카 류지 扮)가 목이 졸릴 때, 나의 목에도 비슷한 손자국이 남는 듯했다. 타카하시는 영화 속 등장인물들 가운데 비교적 선한 축에 속한다. 오래 회사를 다녔고, 능글맞으며, 대충 넘어가려는 습성이 있다. 하지만 동시에 주민들의 정당한 의견을 받아들일 줄 알고, 회사에 환멸을 느끼며 마을에 동화되고자 한다. 그런 그가, 별다른 이유도 없이 목이 졸려 죽는다.

- 이 부분엔 영화 악은 〈존재하지 않는다〉의 스포일러가 포함되어 있으니, 주의하기 바란다.

영화는 이렇게 말하는 듯하다. 그가 죽은 이유는 그가 나빠서가 아니라 그가 죽어야 하는 자리에 있었기 때문이다. 부당한 지시에 환멸을 느꼈으면서 동료처럼 그만두지 않고, 타협하려 했기 때문이다. 함께 일하던 동료 마유즈미(시부타니 아야카 扮)가 살아남은 건, 손을 베여서가 아니라 오늘 이후로 더는 일하지 않기로 했기 때문이다. 영화 속에서는 그 결단이 지나가는 말로만 들리지만, 그것이 생과 사를 가른다. 생물학적 죽음이든 윤리적 죽음이든, 그게 무엇이든 간에. 나는 여러 번 목을 더듬었다. 지금 내가 살아 있는가?

함께한 사람들이 떠나고, 새로운 사람들이 그 자리로 밀고 들어왔다. 사람들이 파도처럼 사무실에 일렁일 때마다 나는 우물쭈물하며 한탄했다. 스스로를 지키기 위해 조직을 새롭게 만들고, 조합이 한 발 앞으로 나아갈 수 있도록 목소리를 내던 사람들은 변화를 만들어 갔다. 나는 여전히 움직이지 않았다. 한때 서로의 이름을 알았던 누군가의 죽음 이후에도, 여전히 비루하게 살아남았다. 균열을 마주했던 순간부터 기울어졌어야 했다. 시작부터 나는 너무 무거웠다.

2. 흥해 빠진 다큐멘터리 이야기

보여 주고 싶은 마음

영수증 붙이는 생활에 익숙해질 무렵, CP(Chief Producer, 책임 프로듀서)로부터 전화를 받았다. 다큐멘터리 팀 조연출로 가라고 했다. 어느 팀에 가고 싶냐고 물어볼 때마다 다큐멘터리 팀에 보내 달라고 하긴 했는데, 이렇게 빨리 가게 될 줄은 몰랐다. 연출이 되어 내가 하고 싶은 이야기를 내 마음대로 할 수 있을 때(마음대로 할 수 있는 게 있을 리 없다는 걸, 그때 어떻게 알았겠나?) 가면 좋겠다고 생각했지만, 원하는 대로는 절대 안 되는 게 회사 아닌가.

걱정 반, 기대 반이었다. 영수증 붙이는 일 말고는 이 팀에 도움이 되지 않으리라는 불안감 때문에 걱정했고, 여러 번 창사 특집 다큐멘터리를 만든 선배를 지근거리에서 보좌하며 제작 과정을 경험할 수 있겠다는 생각에 기대했다. 그래도 언젠가는 다큐멘터리 팀에 돌아와서 세상을 향해 필요한 말들을 내 뜻대로 하게 될 텐데, 그 전에 잘 배워 두면 나쁠 게 있겠나 싶었다. 12년이 다 되어 가는 지금 다큐멘터리 팀에 돌아가는 건 요원해 보이지만, 그땐 그랬다.

수많은 프로그램 장르 가운데 다큐멘터리를 가장 사랑했다. 집요했기 때문이다. 사람이든 자연이든 그 곁에서 오랜 시간 머물러 찰나의 시간을 포착하는 게 다큐멘터리의 미덕이었다. 잘 짜인 시나리오나 계산된 숏이 아니라, 버텨 내면서 언뜻 비치는 무장 해제의 순간을 잡아내는 순발력이 매력적이라고 생각했다. 직설적이고, 설명적이며, 때로는 폭력적으로 이미지를 배치해 짧은 시간에 효율적으로 메시지를 전달하는 프로그램들과 보법이 달랐다고 할까? 속전속결이 미덕인 방송사에서 다큐멘터리는 시간을 거스르는 존재처럼 보였다.

물론 다큐멘터리는 돈이 잘 안 된다. 몇 년 전 참석했던 한 강연에서, 연사로 나온 국내 한 OTT 대표는 이렇게 말했다. "다큐멘터리는 돈이 되지 않아요. 다큐멘터리를 연내에 제작할 계획은 없어요. 앞으로도 그럴 계획은 없어요. 여기 계신 분들이 다큐멘터리에 관심이 많은데, 다들 교양 PD신가 봐요." 다큐멘터리를 하겠다고 마음 먹는 일이 이제 꽤나 부적절한 욕심이 된 건 아닐까 걱정했다.

그래서 궁금했다. 선배는 왜 이 '미련한' 작업을 계속할까? 내가 조연출로 오기 전에도 선배는 몇 번의 창사 특집 다큐멘터리를 만들었고, 이후에도 마찬가지였다. 다큐멘터리라는 건 무엇인가 기록하고 싶은 게 마음속에 남아 있어야 만들 수 있는데, 선배가 기록하고 싶었던 시간이 무엇인지 궁금해졌다. 그것이 무엇이기에 짧게는 몇 달, 길게는 한 해 동안 고집스럽게 하나의 주제를 향해 달려갈 수 있을까?

기록하고 싶었다. 면접에서 방송사가 뭐라고 생각하느냐고 물었을 때, 나는 '귀'라고 대답했다. 듣는 곳이라고. 방송사는 시끄럽게 떠드는 입이라고들 생각하지만, 나는 귀여야 한다고 믿었다. 우리의 목소리는 너무나 크므로, 세상에 존재하는 조용한 함성들을 먼저 듣지 않으면 다시는 들을 수 없다고 생각했다. 우리는 사라지는 목소리들을 기록해서 사람들을 향해 '여기 목소리가 있다'고 전파해 주어야 한다고 봤다. 그렇게 대답해서 방송사에 들어왔으니, 그렇게 하고 싶었다.

교양 프로그램들은 모두 '기록'하는 프로그램이었다. 저마다 방법은 달랐지만 보통 사람들의 얼굴을, 말을, 행동을 기록하는 게 최우선 목표였다. (지금은 조금 다른 것 같지만) 사건을 통해서든, 묘기를 통해서든 같은 시대를 살아가는 사람들의 면면을 녹였다. 가장 잘나가는 사람들, 가장 아름답고 멋진 사람들, 가장 웃긴 사람들이 우리의 주인공이 아니라는 것이 좋았다. 마이크가 필요한 사람들, 스피커가 필요한 사람들이 우리가 만날 사람들이라는 게 좋았다. 그중에서 호흡이 가장 길고 느리면서도 비교적 자유로운 다큐멘터리가 가장 좋았을 뿐이다.

비교적 자유롭다는 건 반드시 따라야 하는 포맷이나 질문의 방향이 있지는 않다는 의미다. 다큐멘터리를 통해 세계를 기록하려는 사람들은 저마다의 질문이 있고, 그 질문을 풀어내는 독특한 방식들이 있다. 같은 주제를 이야기한다고 하더라도 PD에 따라 방향과 배치가 달라진다. 비교적 성공적인 풀이 방법이 있고 아닌 방법이 있을 뿐, 정답은 없다. 다만 다큐멘터리에서 중요한 것은, 사람들의 마음을 얼마나 움직였느냐다.

다큐멘터리의 꿈은 화면 바깥에 있다고들 한다. 다큐멘터리는 우리 사는 세상을 조금이라도 낫게 만들고 싶다는 소망으로 만들어진다. 사람들의 마음에 불을 지피기 위해서, 오랜 시간에 걸쳐 다큐멘터리를 만든다. "알게 된 이들은 보게 될 것이다. 보게 된 이는 이해하게 될 것이다. 이해하게 된 이는 함께 울어 주고 행동할 것이다."●

권력의 본질에 대해 고민하다

선배의 다큐멘터리는 5부작이었다. 그중 1~2부는 리얼리티 프로그램의 포맷이 조금 섞여 있었다. 전현직 정치인들이 프로그램에 출연했다. 팀을 이루어 조지아의 캅카스산맥을 등반해야 했는데, 주기적으로 대표를 뽑고 대표가 이끄는 대로 돌발 상황에 대처해야 한다는 규칙이 있었다. 대표의 선택 하나로 위험한 상황을 슬기롭게 헤쳐 나갈 수도 있고, 대표의 안일한 대처가 팀원 전체를 고통스럽게 만들 수도 있었다. 훌륭한 대표의 자질이 무엇인지를 확인하는 실험이었다.

다큐멘터리 팀에 배정받았을 땐, 1~2부의 모든 촬영 계획과 인선이 마무리된 상태였다. 아쉬운 대로 남아 있는 3~5부의 조연출을 담당하기로 했다. 당시만 해도 정치와 권력에 대한 다큐멘터리라는 건 알았지만, 자세한 내용이 뭔지 잘 몰랐다. 선배는 다듬고 있던 발표 자료를 건네줬다. 언제나 예산이 빠듯한 다큐멘터리는 돈이 나올 구석이 있다면 필사적으로 매달려야 했다. 몇 번 배를 곯은(!) 경험이 있는 선배는 다큐멘터리 제작 지원을 찾아내는 데 이골이 나 있었다. 내가 건네받은 게 바로 그 제작 지원을 따내기 위한 발표 자료였다.

- 양희, 『다큐하는 마음』, 제철소, 2020, 13쪽.

선배는 권력의 근원을 찾고 싶어 했다. 21세기에도 왕정인 국가들에서 권력 유지의 비결을 확인하고, 민주주의 제도 아래에서 자본이 권력을 장악하는 방법을 파헤치고, 인민이 스스로 권력을 행사하는 현장을 마주하며 권력의 근원이 무엇인가 하는 질문에 대한 대답을 찾고자 했다. 그 끝에 다다르면 인민 개개인들이 바로 권력의 근원이라는 소박하지만 묵직한 답이 있었다.

가나: 편견에 사로잡혔던 날들

대답까지 이르는 길을 단단히 다지기 위해, 반년 가까운 시간 동안 해외를 떠돌았다. 만났던 사람들의 얼굴과 표정을 화면에 꾹꾹 눌러 담았다. 가장 먼저 향한 곳은 아프리카의 가나였다. 그곳에서 우리는 다양한 부족을 만났다.

부르키나파소와 가나의 국경 지대엔 카세나 부족이 있었다. 그들에겐 절대 권력을 지닌 지도자가 없었다. 대신 마을마다 있는 장로들이 모여 마을의 중대사를 결정했다. 반면 가나 중남부에서 만난 아샨티 부족은 한 명의 지도자가 강한 권력으로 부족을 다스리고 있었다. 그리고 이들은 모두 가나 공화국의 일부였다. 민주주의, 군주제, 평의회 등 다양한 형태의 정치체가 한 공간에 혼재되어 있었다. 권력의 '근원'이 무엇인지 확인할 첫 번째 공간으로 적절해 보였다.

촬영은 산 넘어 산이었다. 한국에서 출발하기 전 꼼꼼히 짜 둔 스케줄은 도착하자마자 죄다 헝클어졌다. 가나의 수도 아크라에서 100㎞가 넘는 길을 달려 도착하니, 촬영하기로 했던 행사가 이미 끝나 버린 경우도 있었다. 일정이 바뀌었다고 했다. 이동하는 동안 연락이 닿지 않아 어쩔 수 없었다고 했다. 항의해도 소용이 없었다. 다른 곳에선 촬영 허가를 구하러 온 우리들을 온갖 핑계를 대며 끌고 다녔다. 밤이 되자 우리는 조용히 버려졌다. 나중에야 뇌물을 주지 않아 벌어진 일이었다는 사실을 알았다.

멀리 떨어진 국경 지역에서도 수난은 계속되었다. 근처에 거주하는 부족의 전통 가옥을 촬영하기로 하고 도착하자 마을의 장로가 우리를 맞이했다. 그는 집을 찾는 우리에게 따라오라며 차를 타고 어딘가로 달렸다. 밑도 끝도 없이 한참을 이동해 도착해 보니 '박물관'이었다. 우린 박물관이 아니라, 사람들이 지금 살고 있는 집을 찾고 싶다고 말했다. 그는 반문했다. 우리가 보고 싶어 하는 그 집은 지금 여기에 있다고 했다. 그는 우리가 손에 들고 있던 사진을 가리키며 물었다. 당신이라면, 그런 오래된 집에서 살고 싶을까?

신기한 눈을 하고 찾아온 사람들에게 이골이 난 장로는 우리를 점잖게 꾸짖었다. 당신들이 보고 싶었던 건, 우리가 뒤로하고 싶은 과거라고. 부끄러웠다. 전통에 대한 그들의 태도를 넘겨짚었던 내가 한심했다. 얼굴이 빨갛게 달아올랐다. 나는 대체 무엇을 공부했던 걸까? 편견 속에서 사람들의 삶을 관찰하려고 한 자신이 원망스러웠다. 수난을 불러온 건 내 자신이었다고 자책했다. "당신들이 보고 싶어 하는 그 집들은 국경 너머에나 있을 거요." 그는 부끄러워하는 우리에게 마지막 호의를 베풀었다.

국경 너머의 상황은 더욱 나빴다. 예전엔 한 민족이었지만 식민 모국이 달랐던 탓에 서로의 말을 이해할 수 없는 사람들이 직선으로 된 국경 근처에 흩어져 있었다. 부르키나파소는 프랑스의 지배를 받았기에 불어를 썼다. 문제는 우리 누구도 불어를 할 줄 몰랐다는 거다. 국경을 넘을 줄 알았더라면 코디네이터라도 미리 준비했겠지만, 방법이 없었다. 그 와중에 부르키나파소에선 내전이 한창 진행 중이었다. 아랍의 봄에서 시작된 여파가 아직 남아 있었다. 안전을 담보할 수는 없었지만 이제 와 소득 없이 돌아갈 수도 없는 노릇이었다. 앞으로 나아가야 했다.

티에벨레까지 가는 길엔 끝없는 지평선이 펼쳐져 있었다. 규모를 가늠하기 어려운 푸른 평원에 난 붉은 흙길엔 우리만 있었다. 바람이 이따금 나무와 풀들을 스칠 때마다 고요한 평원에 먼지가 일었다. 어그러진 촬영 일정을 고민하느라 정신이 없는 선배 옆에서, 부끄러움을 곱씹었다. 조금 더 준비했더라면, 조금 더 공부했더라면 선배에게 많은 도움이 될 수 있었을 텐데. 안일했던 탓에 많은 걸 망쳐 버린 것 같았다. 멀리 옹기종기 모여 있는 집들이 눈에 들어올 때까지 나는 말없이 평원의 끝을 오래 바라보았다.

촬영을 마치고 다시 국경 검문소에 도착했다. 출입국 수속을 담당하던 군인은 내 여권을 오래 들여다봤다. 그러더니 'Republic of Korea'가 남쪽인지 북쪽인지 물었다. 남쪽이지. 그는 웃었다. "북쪽도 공화국이라고 하던데, 항상 헷갈린단 말이야." 이게 국경 검문소에서 나눌 법한 대화는 아니지 않나 싶었다. 그는 다시 물었다. "너희들은 말도 똑같고 민족도 같은데 왜 서로 싸우는 거야?" "글쎄, 잘 모르겠지만 적어도 우리 의지는 아니야." 그러자 그는 빙긋 웃었다. "여기도 그래. 같은 민족인데 길 하나만 건너면 말이 달라지지. 우리 의지가 아니었는데."

그의 책상 위엔 보스턴 폭탄 테러 사건을 다룬 기사가 실린 신문이 놓여 있었다. 부르키나파소의 수도 와가두구에선 우리가 촬영하던 그날, 도심 건물에서 테러가 일어났다. 내전과 분단이라는 경험을 지구 반대편에서 공유하게 될 거라고는 그도 상상하지 못했던 것 같다. 그래서 뜬금없이 나를 붙잡고 한참을 주절거렸는지도 모른다. 우리의 촬영이 그것들과 무관했다는 사실이 끝내 아쉬웠다. 어쩌면 더욱 중요했을지도 모를 이야기가 그렇게 스쳐 지나갔다.

내가 만난 얼굴들

가장 길게 머물렀던 곳은 미국이었다. 두 달 가까운 시간 동안 미국의 동서 해안을 오갔다. 그곳에서 자본이 민주주의를 잠식해 들어가며 드리운 그림자를 확인했다. 오늘날 미국의 정치가 부유한 자들만을 위한다고 말하는 전직 로비스트를 만났고, 의료보험이 없어 치과 치료를 제대로 못해 어린 자식을 떠나보낸 부모를 만났다. 부유한 집안을 위한 학교를 짓느라 재정이 부족하다는 이유로 갑자기 공립학교를 빼앗긴 학생들을 만났고, 극우파의 주장에 반대했다는 이유로 하루아침에 파렴치한 범죄자로 전락한 전직 공화당 의원을 만났다.

그들은 저마다의 방식으로 저항하고 있었다. 학교를 빼앗긴 아이들은 교육청 앞을 맴돌며 시위를 이어 갔다. 교육은 모든 사람의 권리라며 아홉 살 난 아이는 목소리를 높였다. 전직 로비스트와 보험사 직원은 검은돈이 오가는 방법을 폭로하며 사람들의 관심을 촉구했다. 갖은 비방에도 불구하고 늙은 공화당원은 자신의 신념을 꺾지 않았다. 우리는 고통 받는 사람들이 각자 고립되지 않기를 바랐다. 다큐멘터리가 그들이 어깨를 기댈 수 있는 기회가 되기를 바랐다. 미국의 일이었으나, 언젠가 우리의 일이 될지도 모른다고 생각했다. 이 얼굴들이 우리가 익숙한 얼굴이 될 수도 있지 않을까. 이제는 모든 기억이 희미하지만, 표정이 오래 남은 얼굴들이 몇 있어 여기 따로 기억한다. 언젠가 우리의 얼굴이 될지도 모르므로.

① 존 워드: 충실한 공화당원

그는 몬태나 주 84번 구역에서 두 번이나 의원으로 당선된 경력이 있는, 잔뼈가 굵은 정치인이었다. 84번 구역은 도심에 있는 선거구였다. 지금은 도심으로 인구가 몰려 민주당 우세 지역이 되었지만, 2013년만 하더라도 공화당 텃밭이었다. 몬태나 주는 한 번도 민주당에 의회 주도권을 넘겨준 적이 없는 공화당 우세지역이었다. 당내 경선만 승리하면, 쉽게 의원이 될 수 있었다.

그는 이미 지난 두 번의 선거에서 승리한 경험이 있었다. 3선은 당연해 보였다. 그러나 2008년 선전물 한 장이 그의 인생을 바꿨다. 당내 경선을 며칠 앞둔 어느 날, 자신의 지역구 주민들에게 우편물 한 장이 배달된다. 그가 유명한 아동 성추행범과 막역한 사이라 그를 교도소에서 풀어 주려 한다는 내용이었다. 악의적인 거짓말이었다. 하지만 해명은 불가능했다. 발신자를 몰랐고, 선거까진 시간이 없었다.

만 명이 살짝 넘는 작은 지역구에서, 몇 사람의 마음이 흔들리면 결과는 달라진다. 며칠 후 진행된 당내 경선에서 그는 고작 스물네 표 차이로 낙선했다. 한참 후에야 그는 우편물을 보낸 사람들을 알아냈다.

존 워드: 대응할 시간이 없더라고요. 그들이 이 공격적인 홍보물을 보냈는데, 여기엔 제가 아이들을 먹는 사람, 아이들을 괴롭히는 사람의 친구라고 쓰여 있어요. 저 혼자 몬태나의 세금을 3,008만 달러나 올렸다고 말하고 있어요. 그들은 일반적인 법안의 아주 조그마한 부분을 가지고 맥락과 상관없이 저를 부정직한 사람으로 만들었어요.

몬태나는 구리 광산으로 유명하다. 영화 〈흐르는 강물처럼〉(1992)의 주 무대로 유명한 뷰트 지역은 광산 덕분에 한때 미국에서 가장 부유한 지역이기도 했다. 지금도 몇몇 광산에선 채굴이 이루어진다. 광산으로 부를 축적한 부자들은 판사와 의원을 매수하고 신문을 통제했다. 무분별한 채굴로 환경오염이 심해지자, 몬태나 주 의회는 1912년 '부패 방지법'을 제정한다. 의회 후보자들의 선거운동에 기업들이 자금을 댈 수 없도록 조치한 것이다.

2010년, 100년 가까운 시간이 지나 이 법은 위기를 맞는다. 보수적 성향의 비영리단체 시민 연합(Citizens United)은 '2002년 초당적 선거 개혁법'이 위헌 소지가 있다고 연방 선거관리위원회(FEC)를 대상으로 소송을 제기했고, 연방 대법원은 시민 연합의 손을 들어 주었다. 초당적 선거 개혁법은 기업이나 노조가 특정 후보를 지지하거나 반대하는 광고비 지출을 금지했는데, 이것이 수정헌법 1조가 보장하는 '표현의 자유'를 해친다는 것이다.•

선거 운동에 기업의 대규모 자금이 유입되는 일을 막아 주던 초당적 선거 개혁법이 사라지자, 몬태나의 유서 깊은 '부패 방지법'도 폐지 여론에 휩말렸다. 몬태나 주 고등법원은 이 법이 연방 대법원의 판결과는 무관하다고 봤지만,•• 정작 연방 대법원은 다르게 판단했다. 2012년 연방 대법원은 부패 방지법이 위헌 소지가 있다

• 한인유권자센터, 「미국 선거자금 제도 연구」, 중앙선거관리위원회, 2010, 15쪽.
•• Martin Kaste, "Montana Defies Supreme Court's Citizens United Case", *NPR*, 2012.02.27.

고 판단했다.* 기업이 선거에 개입할 합법적인 경로가 열린 것이다.

존 워드는 공화당원이었지만 기업이 정치를 좌우하는 상황을 달가워하진 않았다. 부유한 기업들로부터 후원금을 받는 보수적 비영리단체 ATP(American Tradition Partnership)는 존 워드의 태도를 못마땅해했다. 그들은 자신과 의견이 다른 공화당원을 'RINO', 즉 이름뿐인 공화당원(Republican In Name Only)이라 낙인찍었다. 존과 같이 악의적인 선전과 낙선 운동의 사냥감이 된 공화당원들은 당혹스러움을 감추지 못했다. 그는 자신이 떳떳하다며 항변했지만, 때때로 감당할 수 없는 무기력함에 짓눌린 듯 보였다.

미국의 거대 에너지 기업 코크 인더스트리(Koch Industries)는 찰스 코크와 데이비드 코크 형제가 이끌었던 가족 기업이다. 세계 부자 순위를 나열하면 손에 꼽힐 정도로 성공한 기업이자, 미국 보수 정치의 강력한 후원자였다. 한때 대통령 후보로 직접 나섰다가 패배를 맛본 후, 형제는 정치인들을 후원해 정책을 조정하는 게 더 쉽고 간편하다는 사실을 깨달았다. 익명으로 기부금을 후원할 수 있는 비영리단체를 세우고, 정책연구소를 설립해 자신들의 이념을 설파할 지식인들을 길러 냈다. 2000년대 초반 공화당이 수십 년 만에 의회 다수당이 된 것도, 그들의 지원이 아니었다면 쉽지 않았을 것이다.

극우 보수주의 운동 단체인 티파티(Tea Party)에 코크 인더스트리의 자금이 흘러 들어갔다. 2010년 연방 대법원의 판결은 그 흐름을 더 격렬하게 만들었다. 대규모의 이름 모를 후원금이 공화당의 선거 운동에 쓰였다. 판결 10개월 후인 2010년 11월 하원 의원 선거에서 공화당은 압승을 거뒀다. 티파티가 후원한 의원만 30명 넘게 당선되었다. 오바마 대통령이 주도한 의료보험 개혁안은 도입이 불투명해졌다. '공산주의자들의 획책'이라는 선동은 매체와 지면을 타고 사람들 마음으로 파고들었다. 그 뒤에 돈이 있었다.

> 존 워드: 원래도 못생긴 얼굴이지만 더 못생긴 사진을 가져다 붙였죠. 그리고 아이들 이야기를 꺼내요. 아이들에게 제가 해롭다는 이야기랑 연쇄 살인자와 제가 연관이 있다는 이야기요. 홍보물을 받는 사람이 바로 휴지통에 버린다 해도 짧은 순간에 이걸 보며 그런 인상을 받을 수 있죠. 지저분한 공격이에요. 이 글과 자신들(ATP)이 엄선한 후보를 위해 만든 글이 함께 나가면서 원하는 효과가 발생할 수 있죠. 전 떨어졌어요. 전…… 전 제가 꽤 보수적인 사람인 줄 알았는데, 그들 기준에선 아니었어요.

그가 경험한 패배는 곧이어 미국을 휩쓸 극단적인 반동의 전

- Warren Richey, "Supreme Court strikes down Montana law, reaffirming Citizens United", *The Christian Science Monitor*, 2012.06.25.

조증상이었다. 촬영이 끝나고 몇 년 후 미국을 다시 위대하게 만들자는 슬로건을 내건 도널드 트럼프가 대통령으로 당선되었다. 트럼프가 당선되던 날, 인터뷰가 끝나던 순간을 떠올렸다. 긴 인터뷰를 끝내고 그와 함께 집을 나서니 저녁이 성큼 다가와 있었다. 붉게 물든 하늘 끝에서 해가 바닥으로 꺼지고 있었다. 그는 지는 해를 오래 바라보았다. 우리는 조용히 그의 뒷모습을 촬영했다. 힘이 빠져 살짝 처진 어깨가 잠깐 붉었다가 어두워졌다. 그가 정치에 바쳤던 진심도 어두워진 듯 보였다.

2018년 미국 PBS에서 방송한 킴벌리 리드의 〈다크 머니〉에 출연한 그의 얼굴을 우연히 보았다. 자신에게 가해졌던 무분별한 공격의 상흔으로부터 여전히 자유로워 보이지 않았다. 정치인으로서의 자긍심이 부서지는 비열한 정치가, 자본에 의해 뒷받침되고 있었다. 자신의 정치생명을 끝장낸 사람들이, 한때 같은 당에 몸담았던 동지들이었다는 사실이 그를 견디기 어렵게 만드는 것처럼 보였다.

② 오버턴의 학생들: 학교를 빼앗긴 아이들

시카고는 송곳 같았다. 좁은 도심 지역엔 마천루들이 옹기종기 모여 저마다의 높이를 뽐내고 있었다. 하지만 조금씩 남쪽으로 내려갈수록, 건물의 높이는 급격하게 낮아졌다. 그리 멀리 내려가지 않았는데도, 우리의 목적지인 그랑 블러바드엔 10층 넘는 건물을 찾아보기 힘들었다.

시카고는 인종과 소득에 따라 거주 지역이 꽤 명확하게 나뉘는 도시다. 오래된 인종차별의 역사가 남긴 상흔이 깊다. 도심을 중심으로 남쪽으로는 가난한 흑인들이 주로 거주하고, 북쪽으로는 부유한 백인들이 거주한다. 그랑 블러바드는 오래전부터 흑인들이 집단으로 거주하는 지역이었다. 근처 공장에서 일하는 저임금 노동자들이 모여 살았다.

인종 차별은 헌법상 금지되었지만, 백인들이 하루아침에 흑인들과 한데 섞여 살 마음이 생길 리는 없었다. 백인들은 남부를 떠나 교외로 이동했다. 정부 당국은 다방면으로 이주를 도왔다. 백인들에겐 저렴한 금리로 이주 비용을 빌려주는 한편, 흑인들은 다양한 거주 규제로 옭아맸다.• 깨어진 창문들과 낡은 도로들을 마주하자, 우리는 시카고에 새겨진 차별의 단층이 얼마나 깊고 단단한지 금세 깨달았다.

2004년 버락 오바마는 일리노이 주 상원 의원 선거에서 70%의 득표율로 당선되었다. 시카고 시에선 88%의 표를 얻었고, 흑인들의 92%는 오바마를 선택했다. 오랜 기간 차별받아 온 흑인들이

• 시카고뿐만 아니라 다수의 도시에서 어떻게 정부 당국이 '헌법'을 교묘히 위반하며 차별을 정당화했는지 좀 더 자세히 알아보고 싶다면 리처드 로스스타인의 『부동산, 설계된 절망』(김병순 옮김, 갈라파고스, 2022)이나 박진빈의 『도시로 보는 미국사』(책세상, 2016)를 추천한다.

그에게 거는 기대의 크기가 그랬다. 오바마가 대통령에 당선되었을 때, 시카고는 축제 분위기에 휩싸였다. 오래된 인종 차별의 역사를 끝낼 수 있는 순간이 가까워 보였다.

오바마가 대통령에 당선된 후 시카고 시장 선거가 치러졌다. 민주당에선 오바마의 측근인 램 이매뉴얼이 출마했다. 그는 시카고 출신이고, 일리노이 주 하원 의원을 오래 역임했다. 직전까지 오바마 대통령의 비서실장을 지냈다. 지역이 배출한 최고의 정치인을 지근거리에서 보좌한 토박이가 민주당 후보가 되는 데 걸림돌이 될 게 있었을까? 그는 무난히 경선을 통과했고, 민주당 텃밭에서 손쉽게 승리했다.

문제는 그 후에 일어났다. 그랑 블러바드 지역에 있는 오버턴 초등학교를 포함해 수십 곳의 공립학교들이 갑자기 문을 닫았다. 하루아침에 수많은 학생들이 학교를 잃었다. 마을 공동체의 중심지가 사라졌고, 마을 사람들은 추억을 빼앗겼다. 그들에게서 학교를 앗아 간 사람이 램 이매뉴얼이었다. 그는 자신이 시장이 되는 데 표를 보태 준 사람들을 향해 '공교육 개혁'이라는 칼날을 휘둘렀다.

시작은 오바마 대통령의 교육 개혁이었다. 2009년 오바마 대통령은 '정상을 향한 질주'라는 프로젝트를 발표했다. 전국 규모의 학력 평가를 도입하고, 차터스쿨* 설립 규제를 완화하고, 학업 성취도에 따라 교사의 급여에 차등을 두겠다는 내용을 골자로 했다. 공교육의 경쟁력을 강화하고 학업 성취도를 끌어올리기 위해 40억 달러가 넘는 재정을 투자하기로 계획한 것이다.••

2001년 시카고 교육감을 맡았던 안 덩컨이 교육부 장관으로서 이 '개혁'을 선두에서 이끌었다. 당시 학업 성취도가 낮은 학교들은 폐교하고, 교사들의 급여를 학력에 연동하는 실험을 '성공적'으로 이끌었던 경험을 전국적으로 적용했다. '퇴학 공장'이 되어 버린 학교들을 폐교하고, 그 빈자리를 차터스쿨로 채우기 시작했다. 2005년부터 2011년까지 시카고의 차터스쿨은 무려 191%나 증가했다.•••

차터스쿨은 양날의 칼이었다. 학교를 운영하는 개인이나 단체의 능력이 좋다면 공립학교보다 뛰어난 학업 성취도를 기록할 수 있었다. 학업 성취도가 뛰어나면 교직원들도 보상을 받을 수 있었다. 저소득층과 소수계층에게 더 나은 교육 환경을 제공할 수도 있었다. 하지만 노조가 없어 교직원의 처우가 악화될 가능성이 있었다. 공립학교가 폐교된 자리에 새롭게 차터스쿨이 만들어지지 않는다면, 지역의 교육 공백이 발생할 우려도 있었다.

학교를 다니는 아이들의 목소리가 중요했다. 하지만 정책을 좌우하는 사람들 그 누구도 귀 기울여 듣지 않았다. 2011년 시장에

• 주 정부와 협약(Charter)을 맺은 개인이나 단체가 운영하는 공립학교. 재정 지원은 주 정부로부터 받으나, 교과 과정은 자율적으로 결정한다.
•• Michael D. Shear and Nick Anderson, "Obama Uses Funding to Pressure Education Establishment for Change", *Washington Post*, 2009.07.24.
••• Emily Dowdall and Susan Warner, "Shuttered Public Schools: The Struggle to Bring Old Buildings New Life", *The Pew Charitable Trust*, 2013.02.11.

당선된 램 이매뉴얼은 정부의 교육 프로젝트를 충실히 따랐다. 학교 폐교를 공공연하게 언급했다. 문제는 규모였다. 50곳의 공립학교가 폐교 대상이었다. 한꺼번에 이렇게 많은 학교를 폐교하는 경우는 드물었다. 2013년, 6명의 위원으로 구성된 시카고 교육위원회는 저조한 학업 성적과 시설 활용률 저조 등을 이유로 공립학교 50곳을 폐교하기로 결정했다. 그중 49곳이 초등학교였다.

교사와 학생들은 반발했다. 폐교 대상이 된 학교 대부분이 도심의 남쪽과 서쪽에 몰려 있었기 때문이다. 백인 밀집 지역인 북부에선 단 3곳의 학교만이 폐교되었고, 나머지는 대부분 흑인 인구가 50% 이상인 지역에 위치했다.• 결정을 내린 사람들은 적자를 줄여 예산 균형을 맞춰야 한다는 이유를 댔다. 더 나은 교육의 기회를 주기 위한 어려운 결정이라고 토로했다. 하지만 하루아침에 직장을 잃은 교사들과 학교를 잃은 학생들은 막막할 수밖에 없었다. 어디로 가란 말인가?

굳게 닫힌 문 너머로 잡초들만 무성했다. 가까운 학교를 찾아 사람들은 떠났다. 동네는 군데군데 뿌리가 뽑혀 있었다. 가장 오래된 교회를 찾았다. 어린 시절의 방황이 온몸에 새겨져 있는 억센 인상의 목사가 우리를 맞이했다. 그는 우리를 '형제'라고 불렀다. 아주 먼 나라에서 자신들의 이야기를 들으러 왔다는 사실에 놀라면서,

우리의 이야기가 당신들의 이야기가 되지 않기를 바란다고 했다.

지역에 익숙하지 않은 우리에게는 '형제'가 필요했다. 목사에게 우리의 길잡이가 되어 주기를 부탁했다. 그는 아직 사람이 사는 흔적이 남아 있는 집들을 가리켰다. 저곳으로 가십시오. 저기에 당신들이 만나야 할 사람들이 있습니다. 그곳에 아이린 로빈슨이 있었다. 혼자서 아이들을 키워야 하는 그녀에게 집 근처에 학교가 있다는 건 행운이었다. 생계를 위해 일을 할 여유가 생기기 때문이다. 지금의 상황을 벗어날 수 있다는 희망은, 갑작스러운 학교 폐교로 무너졌다.

하루 한 번 있는 통학 버스를 놓치면 아이들은 무단결석을 하는 수밖에 없었다. 폐교 때문에 이제 가장 가까운 학교가 수십 킬로미터 거리에 있었다. 차로 데려다주면 통학은 가능하겠지만, 대신 일을 그만두거나 파트타임 근무로 바꿔야 했다. 팍팍한 삶이 발목을 잡았다. 교사들이 일터를 찾아 떠나면서, 아이들을 학교와 연결해 주던 가느다란 끈들은 하나씩 끊어졌다. 아이들은 학교에서 더 쉽게 벗어날 수 있었고, 범죄에 쉽게 빠져들 수 있었다. 아이린은 아이들의 삶에 드리운 그림자에 분노했다. 아이들의 교육받을 권리는 사실상 박탈되어 있었다.

아이린 로빈슨: 만약 학교에 문제가 있다면 학교를 닫는 게 답이

- Sarah Karp, Nader Issa, Lauren FitsPatrick and Alden Loury, "Chicago closed 50 public schools 10 years ago. Did the city keep its promises?", *Chicago Sun Times*, 2023.05.18.

아니라는 건 누구나 알아요. 문제를 정확히 짚어야죠. 교사를 찾아가서 물어보고, 학부모와 학생에게 무슨 일이 있었는지 알아봐야죠. 모든 아이들에게 상황을 알려 줘야죠. 학교를 닫으면 안 되고요. 학교는 제2의 집과 같아요.

가난한 사람들이 사는 공립학교가 사라진 자리에 차터스쿨이 새로 들어올 수 있을까? 차터스쿨을 운영할 만한 개인이나 단체가 있기는 할까? 교육위원회는 학교를 폐교하고 그 자산을 활용해 지역에 커뮤니티 센터를 설치하겠다고 대안을 내놓았지만, 정작 아이들의 교육받을 권리에 대해서는 침묵했다. 지역의 사람들은 교육위원회가 돈에 휘둘려 끔찍한 결정을 내렸다고 의심했다. 교육위원 중 몇몇은 기업인이었기 때문이다. 그들이 다른 지역에 차터스쿨을 설치하고, 학교 폐교로 확보한 예산을 활용하려는 게 아니냐는 의심이 팽배했다. 교육 민영화를 통해 이득을 취하려는 우파 로비단체의 영향력도 고민해야 했다.

아이린 로빈슨: 아이들은 화가 나고, 배신감을 느끼고, 방치된 채 누구도 자신들에게 신경 쓰지 않는다고 느끼죠. 그들(정치인들)은 묻지 않았어요. 그저 불도저처럼 여기 와서 '학교를 폐교하겠다'고

말했을 뿐, 우리한테 협조를 요청한 게 아니에요.

새로운 학교가 들어온다고 해도, 그간의 공백은 사라지지 않는다. 아이들은 친구들을 잃었고, 친구들과의 사회적인 교류를 잃었다. 동네 사람들과 함께 이야기할 추억을 잃었다. 대체 불가능한 상실의 경험이 아이들의 삶을 어떻게 뒤흔들지에 대해 고민하는 사람은 없었다. 아이들에게 학교가 사라지는 것이 무엇을 의미하는지 한 번쯤 물어보았다면 어땠을까? 우리는 통학 버스를 기다리며 아이들에게 물었다. 걱정되는 건 없니? "버스를 오래 타야 하는 게 너무 힘들어요. 다른 학교에 가면 적응을 잘 할 수 있을지도 모르겠고요." "버스가 한 번뿐인 건 너무한 거 같아요. 한 번 늦으면 끝이잖아요. 학교에 못 가면 또 성적이 안 나올 거고요. 걱정이에요." 아이들은 빠른 속도로 말을 내뱉었다. "아무도 우리에게 학교가 왜 문을 닫아야 하는지 제대로 설명해 주지 않았어요." 아이들의 삶을 벼랑 끝으로 내미는 건 어른들이었다.

선배는 아이들이 노래를 불렀으면 했다. 목소리조차 내지 못했던 아이들의 노랫소리에 어른들이 귀를 기울여 주기를 바라는 마음이었을 것이다. 학교가 끝나고 버스에서 내린 아이들에게 자초지종을 설명하고, 몰래 학교 뒤뜰에 모였다. 악을 써도 좋으니까, 너희들의 목소리가 들릴 수 있게 노래를 불러 봤으면 해. 아이들은 즐겁게 노래를 불렀다. 몇몇은 음정조차 맞추지 못했다. 그래도 상관없었다. 정제되고 아름다운 목소리만이 자격이 있는 건 아니지 않나.
"우리의 목소리를 들어 주세요. 우리의 외침을 들어 주세요. 우리가 변화를 가져올 거예요."

그들은 각자의 방식으로 저항했다. 각종 공청회, 간담회에 찾아가 정책을 제고할 것을 요구했고, 때로는 교육청 앞에서 '교육은 우리 모두의 권리'라고 외치며 시위를 벌였다. 9살짜리 꼬마가 대학생이 된 2024년, 교사 노조 파업에 참여했던 브랜든 존슨이 시카고 시장에 당선되었다. 모두가 자기 자리에서 할 수 있는 일들을 하며 버텼기 때문에 가능했다. 단번에 그간의 공백과 고통이 사라지진 않을 것이다. 방송 이후 10년의 시간이 지났지만, 교육위원회의 약속은 지켜지지 않았다. 여전히 학교는 폐쇄되어 있고, 새로운 학교는 운영되지 않고 있다. 주민들은 아이들의 교육을 위해 어쩔 수 없이 지역을 떠났다. 해고된 교사들은 여전히 생계에 어려움을 겪는다. 그럼에도 그들은 버텼다. 끝내 희망을 놓지 않았다.

③ 잭 아브라모프: 믿을 수 없는 내부 고발자

그가 쥐고 흔들었던 돈의 규모에 비해 그의 덩치는 작았다. 한때 신좌파의 물결로부터 대학교를 지켜 내기 위해 공화당 학생회를 접수하고, 과격한 전술로 시위를 주도하며 이름을 떨쳤던 청년 정치인이 바로 그라는 사실을 단박에 알아채기란 어려웠다. 단정하지만 허름하지는 않은 정장 차림의 그가 과거엔 머리에 넥타이를 매고 주먹을 머리 위로 흔들던 급진주의자이자, 트렌치코트와 중절모를 즐겨 쓰던 호전적인 '건달'이었다는 사실을 알게 된다면 놀랄 것이다.

특히 당시 캠퍼스 전쟁의 중심에 서 있던 아브라모프의 다음과 같은 맹렬한 선언은 유명하다. "우리 임무는 좌파와의 평화적 공존을 추구하는 것이 아니다. 좌파를 영원히 권력에서 제거하는 것이다."•

투철한 반공주의자였던 그는 1988년 반공 영화 〈레드 스콜피온〉을 제작하러 정계를 떠났다. 그리고 곧이어 소련이 붕괴하면서 그는 싸움의 대상을 '공산주의'가 아니라 '자유에 반대하는 모든 것'으로 확대했다. 1994년 그는 로비스트로 워싱턴에 돌아온다. 그는 보수적 성향의 초선 의원들 다수와 계약을 맺었다. 그리고 우파

• 토머스 프랭크, 『정치를 비즈니스로 만든 우파의 탄생: 왜 보수가 남는 장사인가?』, 구세희·이정민 옮김, 어마마마, 2013, 76쪽.

행사에 꾸준히 참여하는 인사들에게 자신이 계약을 맺은 초선 의원을 소개하며 힘을 보태도록 했다. 그는 공화당의 유력 로비스트로 단박에 떠올랐다.

1994년, 공화당이 반세기 만에 하원에서 다수를 차지하는 일이 벌어졌다. 상원도 공화당이 장악하면서 민주당과의 타협 없이 보수적인 법안들을 통과시킬 수 있는 조건이 마련되었다. 그간 '밀려 있었던' 법안들을 현실화시킬 절호의 기회였다. 로비스트로 돌아온 아브라모프에게도 중요한 시기였다. 민주당이 오랜 기간 하원을 장악하고 있었던 탓에, 공화당과 연결 고리가 있는 로비스트를 찾기가 하늘의 별 따기였다. 특히 미국 원주민 자치 단체들은 발등에 불이 떨어졌다. 카지노 때문이었다. 차별과 소외의 결과로 빈궁한 처지에 놓인 원주민들을 배려하기 위해 정부는 그간 원주민 보호 구역에서 카지노 운영을 용인했다. 하지만 공화당 정부도 같은 기조를 유지할 거라고 확신할 순 없었다. 한시라도 빨리 공화당과의 협조 체제를 구축해야 했다. 아브라모프의 손이 필요했다.

그의 명성은 끊임없이 높아졌다. 선거에 자금이 필요한 의원들을 위해 자금 모금 파티를 열고 각종 기부금을 전달했다. 학창 시절부터 정치에 잔뼈가 굵었던 그는 사람을 다루는 데도 전문가였다. 상대가 필요한 것이 무엇인지 파악해 철저하게 준비했다.

값비싼 음식을 대접하기 위해 고급 레스토랑을 운영하기도 했고, NFL(National Football League)을 좋아하는 의원을 위해 미리 스카이박스 좌석을 예매하기도 했다. 그는 K스트리트*의 최고 자리에 올랐다.

로비는 비싼 사업이었다. 뛰어난 로비스트의 몸값은 천정부지였고, 그들이 사치스럽게 쓰는 돈도 적게 잡아 수백만 달러에 달했다. 로비스트들이 즐비한 K스트리트의 사무실은 호화로운 장식들로 가득했다. 돈이 없으면, 로비스트들의 관심에 들지 못했다. 그들의 관심에 들지 못하면, 정치의 영역에서 존재하지 않는 것과 마찬가지였다. 2004년 잭 아브라모프는 부시 대통령의 재선을 위해 조직된 비영리 단체에 거액을 기부했다. 급진적인 우파 청년은 이제 공화당 핵심 인물이 되었다. 그에게 장애물은 더 이상 없어 보였다.

2006년 불법과 합법을 오가던 그의 행동에 제동이 걸렸다. 1994년 미국 원주민들의 카지노 이권을 보호한다는 명목으로 수천만 달러를 받은 사실이 문제가 되었다. 그는 로비 과정에서 값비싼 선물을 의원들에게 베풀었다. 공연 관람, 식사 접대, 슈퍼볼 관광, 골프 여행과 같은 향응을 제공했고, 의원들은 답례로 해당 부족에게 유리한 법을 제정하거나 특혜를 베풀었다. 『워싱턴 포스트』는 익명의 제보를 받고 1년 넘게 추적한 끝에 잭 아브라모프의 불법 로비

* 워싱턴DC에 있는 일명 '로비의 거리'.

혐의를 폭로했다. 그는 하루아침에 범죄자가 되었고, 공화당은 중간 선거에서 패배했다.

그는 자신의 죄를 인정하고 형량을 줄였다. 5년 10개월, 그의 최종 형량이었다. 출소 후에는 돈이 미국 정치를 움직이는 불편한 진실을 고발하는 데 앞장섰다. 우리와 만났을 때 그는 석방된 후 『국회 처벌하기(*Capitol Punishment*)』란 제목의 회고록을 출간한 상태였다. 본인이 저지른 잘못에 대한 고백과 나르시시즘적인 변명이 혼란스럽게 뒤섞여 있는 책이었다. 그는 우리와의 인터뷰에서 미국 정치가 돈에 잠식되어 있음을 언급하며 그 과정에서 자신이 행한 범죄들을 열정적으로 늘어놓았다. 때때로 그는 자신의 로비가 얼마나 탁월했는지 설명하면서 만족하는 것처럼 보였다.

그의 떨림 없는 목소리, 자신감 있는 폭로에 위화감이 느껴졌다. 그는 책의 말미에 재판장을 향해 이렇게 호소한다. "존경하는 재판장님, 제가 이 일에 얼마나 유감을 느끼는지 말로 표현할 수가 없습니다. 그리고 제가 불러일으킨 수많은 실수와 피해를 깊이 후회하고 슬퍼합니다. 남은 시간 동안 제 행동에 대해 깊은 슬픔과 후회를 느낄 것입니다. 저는 신께서 저를 용서하시기를, 제가 잘못을 저지른 사람들과 고통을 준 사람들로부터 용서받기를 바랄 뿐입니다. 그런 구원을 얻고자 열심히 일할 것입니다."* 그는 우리가 길 위에서 만난 신음하던 사람들의 얼굴을 본 적이 있을까? 그가 법과 정책을 만들거나 제지함으로써 고통 받았던 사람들의 신음을 들어본 적 있을까? 여전히 그의 눈은 K스트리트를 향하고 있었다.

다큐멘터리가 남긴 흔적들

이 다큐멘터리로 기억하고 싶었던 건 무엇이었을까. 다큐멘터리란 무언가 기억하고 싶은 것이 있는 사람들만이 만들 수 있지 않은가. 그것이 무엇이든 붙잡고 싶다는 욕망이 있어야 다큐멘터리는 구체적인 실체를 지니게 된다. 선배는 무엇을 바랐는지 알 수 없지만, 나는 거대한 압력을 버텨 낸 사람의 얼굴을 기억하길 바랐다. 돈이나 폭력, 법과 제도 앞에서 좌절하고 쓰러지지만 끝내 버텨 낸 사람들의 얼굴은 어떠한가. 그는 울고 있는가, 웃고 있는가. 프로그램의 방향과 무관하게, 나는 얼굴을 구체적으로 담는 것만으로도 족했다.

한편으로 TV 다큐멘터리의 좁은 자리를 절실하게 느꼈던 날들이었다. 끊임없이 산만해질 수 있는 시청 환경은 은유적인 표현 대신 직접적인 묘사나 설명을 강제했다. 언제든 채널이 돌아갈 수

- Jack Abramoff, *Capitol Punishment: The Hard Truth About Washington Corruption From America's Most Notorious Lobbyist*, WND Books, 2011, p.243.

밖에 없으니, 조금이라도 빈틈을 보여서는 안 되었다. 해외의 사례들을 다루고 있었지만, 결국 시청자는 한국의 대중이므로 그들이 관심을 보일 만한 사례와 주제를 우선으로 삼아야 했다. 가장 긴 제작 기간이 주어졌지만, 아무리 길어도 1년을 넘길 수 없었다. 제작 기간의 한계는 촬영할 수 있는 대상에도 한계를 지어 주기도 했다. 이 조건들에서 다룰 수 있는 주제, 다룰 수 있는 표현은 매우 한정적이었다.

조연출이었기에, 할 수 있는 말에는 한계가 있었다. 매일 옆자리에서 프로그램이 달리 될 수 있었을 가능성을 꿈꿨다. 나라면 이렇게, 나라면 저렇게 해 보면 좋겠다는 상상을 했다. 언젠가 내가 다큐멘터리를 다시 할 수 있게 된다면, 그때는 그 상상을 실현해 보고 싶다는 기대가 그 후의 몇 년을 버티게 했다. 헛된 기대였지만, 덕분에 넘을 수 있었던 고비들이 있었으니 원망하지 않는다.

오히려, '다큐멘터리를 하고 싶다'는 마음이 생겨날 만큼 아름다운 순간들을 만났음에 감사했다. 뉴저지에서 리치먼드까지 이어진 수백 킬로미터의 고속도로를 달리다가, 석양이 지는 순간 시동을 멈추고 모두 차에 몸을 기대 해가 완전히 넘어갈 때까지 하늘을 바라보았던 순간이나, 가나와 부르키나파소의 국경 지대에서 말라리아로 쓰러져 수도까지 한참을 실려 오는 동안 광활한 대륙을 눈을 깜빡이며 바라보던 순간 같은. 사람을 만나 편견이 깨지고, 시야가 넓어지던 시간들…….

가까이에서 다큐멘터리의 시작과 끝을 바라본 경험은 값졌다. 세계 곳곳에서 사람들을 만나면서, 어떻게 그들의 말에 귀 기울일 것인지 태도를 배웠다. 오래 기다리는 법을 배웠다. 그렇게 들었던 소중한 말들에도 일정한 거리를 두어야 한다는 사실도, 우리가 진실을 온전히 대변할 수 있다는 허세를 내려놓아야 한다는 사실도 배웠다. 한마디로, 겸손할 것을 배웠다. 하고 싶은 말을 하려고 시작했으나, 그 말이 얼마나 좁고 편협한지를 깨닫는 시간이 부지기수였으므로.

다큐멘터리는 하고 싶은 질문으로부터 시작하지만, 그 질문의 구체적 형상은 우리가 들은 사람들의 얼굴과 말에 있었다. 잘 듣는 것에서부터 다큐멘터리는 시작한다. 우리의 질문이 당신의 반문과 만나 다큐멘터리를 이룬다. 더 잘 말하고, 더 잘 듣고 싶어졌다.

3. (리얼)의 그늘

어떤 주장에 명시적으로 책임을 지는 저널리스트나 프로그램 제작자가 부재하면 시청자는 자신이 보고 있는 것을 순수하고 무매개적인 진실로 여기도록 유도된다. [우리가 보고 있는] 이것이, 우리가 설득당해 믿게 되는 이것이 진짜 사람들의 참모습이라고 말이다.•

자신이 '리얼'하지 않다고 주장하는 프로그램이 있을까? 비록 완전히 지워 내는 데 실패한 카메라의 흔적들이 얼룩처럼 남아 있고,•• 사람들은 자신을 향한 수많은 카메라 앞에서 자연스럽게 행동하도록 강요받고 있지만 말이다. 하지만 연예인처럼 카메라 앞에서 자신을 완전히 숨기는 데 실패하는 일반인을 주인공으로 삼고,

- 마크 피셔, 『k-펑크 1』, 박진철·임경수 옮김, 리시올, 2023, 354쪽.
- •• 카메라가 등장하는 장면들은 편집된다. 컷을 삭제하거나, 화면 해상도에 지장이 가지 않는 선에서 일부분을 잘라 낸다. 이조차 불가능하면 블러 처리를 하거나 카메라에 배경과 같은 색의 덮개를 씌운다. 리얼리티 프로그램이 시청자의 믿음을 깨지 않기 위해 필사적으로 '청소'를 반복하지만 완전하게 지워 내는 데 성공하지는 못한다.

그 안에서 어떻게 행동해야 할지 대본을 주지 않음으로써 리얼리티의 알리바이는 성립한다. 리얼리티 프로그램 제작자들은 다큐멘터리 제작자가 피사체를 향해 품는 냉정한 거리감을 모방함으로써 자신들의 상품에 진정성을 불어넣는다. 단지 '판'을 깔아 두었을 뿐, 그 안에서 뛰어노는 사람들의 마음이 진심이고 자신들은 그 진심의 관찰자일 뿐이라고 강변한다. 시청자인 우리는 기꺼이 믿는다.

이 믿음의 벨트는 견고하다. 가히 리얼리티 프로그램의 전성시대다. 〈무한도전〉(2005~2018)이나 〈1박 2일〉(2007~) 같은 리얼 버라이어티 프로그램이 끝난 자리에 〈슈퍼스타 K〉(시즌 1~8, 2009~2016), 〈내일은 미스트롯〉(시즌 1~3, 2019~2024) 같은 오디션 프로그램이 나타났고, 이마저도 시들해질 즘 〈하트시그널〉(시즌 1~4, 2017~2023)과 〈나는 솔로〉(2021~) 같은 연애 리얼리티 프로그램이 등장했다. 〈나 혼자 산다〉(2013~)와 같은 관찰 예능, 〈태어난 김에 세계일주〉(시즌 1~3, 2022~2024) 같은 1인칭 여행 프로그램 등 파도의 모습은 바뀔지언정, '리얼'을 무기로 삼는 예능 프로그램들은 언제나 높은 인기를 구가하는 데 성공했다. 앞선 프로그램들의 '리얼함'이 시험대에 오르면, 새로운 포맷의 프로그램들이 등장하며 자신은 더 리얼하다고 외쳤다. [한때 사람들은 〈우리 결혼했어요〉(2008~2017)에서 '리얼함'을 느끼기도 했다.] 얼마나 '리얼하냐'가 문제였지, 리얼 그 자체가 문제가 된 적은 없었다.

'리얼' 자체가 문제여야 한다고 느꼈던 건, 짧지만 강렬했던 연애 리얼리티 프로그램의 제작 경험 때문이었다. 시청자들이 '진짜 같다'고 느낄 수 있게 만들기 위해 프로그램의 표면을 끊임없이 매끄럽게 다듬으며 생각했다. 사람들이 바라는 '리얼함'이란 무엇인가, 그리고 제작하는 사람들이 바라는 '리얼함'이란 무엇인가. 서로의 욕망 속에서 우리의 세계는 어떻게 비치고 쪼그라드는가. 프로그램에 몸을 담았던 짧은 시간 동안, 나는 프로그램 안팎의 날것의 욕망에 베이고 찢겼다.

다듬을수록 리얼해진다

크리스티안 될커는 리얼리티를 '우리가 진짜(wahr)라고 지각하는(wahrnehmen) 것'이라 정의한다.● TV 화면이 더 이상 현실의 증거일 수 없고, 현실과 가상현실 사이의 경계가 흐릿해지는 오늘날 리얼리티 프로그램이 인기를 얻고 있는 건, 사람들이 현실감을 바라기 때문은 아닐까? 재현된 이미지들을 통해 현실감을 얻을 수 있다면, 사람들은 리얼리티 프로그램의 연출도 과감하게 옹호할

● 원 문장은 다음과 같다. "독일어가 암시하는 바와 같이, 진실이란 우선 우리가 '진짜(wahr)'라고 '지각하는(wahrnehmen)' 것이다." 크리스티안 될커, 『미디어에서 리얼리티란 무엇인가』, 이도경 옮김, 커뮤니케이션북스, 2001, 30쪽.

준비가 되어 있다. 진실의 경험을 약속하는 한, 리얼리티 프로그램은 자유로울 수 있다.

시청자들에게 '진실'을 약속하는 일은 오래도록 다큐멘터리와 보도의 몫이었다. (사람에 따라 다르게 보지만) 사회의 어두운 측면을 폭로하고, 감춰진 진실을 드러내는 과정을 함께 지켜보며 시청자들은 분노하고 기뻐했다. 리얼리티 프로그램이 사람들에게 제공한 쾌감도 진실의 약속과 무관하지 않았다. 다만 해방적 기능보다는 게임 장르와의 화학적 결합이 더욱 결정적이었다. 게임에 참여한 사람들이 보여 주는 인간 군상의 각본 없는 드라마는 '현실감'을 주었다.

리얼리티 프로그램 제작자들은 이 현실감을 주는 데 방해가 될 수 있는 요소들을 통제했다. 프로그램이 방영되기 전까지 참가자들이 미디어와 접촉하지 못하도록 하거나, 프로그램의 '진실성'을 해칠 수 있는 사람들을 퇴출시켰다. 사람들의 행동을 미세하게 조정하는 인터뷰, 경쟁심을 불러일으키게 고안된 게임, 일부러 방치하는 소규모 회의, 자기 손으로 탈락자를 결정하도록 해서 감정적인 고뇌에 빠뜨리는 정기 투표 등 다양한 수단들이 활용되었다.

아이러니하게도 가장 촘촘하게 연출한 리얼리티 프로그램이 가장 자연스럽다. 손을 많이 타야, 사람들이 어색해하지 않는다. 만

반의 준비를 해도 일반인들이 첫날부터 적응하기란 쉽지 않다. 제작자는 시청자가 원하는 '리얼함'을 만들어 내기 위해 발 빠르게 '보이지 않는 손'이 되어야 한다.

시작은 출연자 선정부터다. 가령 참여자 가운데 연애하려 애쓰지 않는 사람이 있다면 어떨까? 열 명 남짓한 프로그램 출연자 가운데 다만 한둘이라도 연애에 목숨을 걸지 않는다면 프로그램은 역동성을 상실할 것이다. (우리는 세상이 반드시 역동적이라 착각하며 이를 리얼함의 증표로 이해한다.) 출연자를 선발하는 단계에서부터 현실은 리얼리티를 파괴할 준비가 되어 있다.

리얼리티 프로그램은 끝없이 사건을 필요로 한다. 연못에 풀어놓은 '메기'처럼 타인을 향해 끊임없이 사랑을 갈구하는 존재가 필요하다.• 면접 과정에서 기질을 파악하고, 메기가 뛰어놀 수 있는 환경을 설계한다. 프로그램의 다이내믹스를 꾸준히 유지하기 위한 메기의 적절한 출연 비중은 일종의 영업 비밀이다. 프로그램의 제작자들은 그 황금 비중을 찾기 위해 끊임없이 사람들을 고른다.

설치한 카메라가 많을수록 다양한 장면들을 확보할 수 있다. 장면이 다양할수록 편집은 한결 수월해진다. 이야기의 흐름과 방향을 어느 쪽으로 틀어 버려도 무리가 없을 정도로 찍는다. 출연자의 일거수일투족을 카메라에 담아내 자연스럽게 이어 붙여 편집의 '흔

• '메기 효과'라는 말이 있지 않은가. 과거 북유럽 어느 나라에선 정어리들을 싱싱하게 멀리까지 옮기기 위해서, 정어리 수족관에 메기를 집어넣었다고 한다. 메기를 피하기 위해 재빨리 움직이느라 정어리들이 죽지 않았다고. 그처럼 연애 프로그램이 '죽는 걸' 방지하기 위해서, '메기'처럼 타인을 향해 끊임없이 사랑을 갈구하고 판을 깨트리는 존재가 필요했다.

적'을 없앤다. 우리는 그 매끄러운 화면에 울고 웃는다.

짧은 기간이었지만, 발령받았던 연애 리얼리티 프로그램도 매끄러운 이음매를 만들기 위한 다양한 수단들을 활용했다. 무차별적으로 늘어선 카메라 앞에서 사람들은 주춤한다. 하지만 화장실을 제외한 모든 공간에서 자신을 따라다니는 카메라에 하루면 익숙해진다. 무장 해제가 되면, 자연스러운 모습들이 하나둘 튀어나온다. 성격적 결함, 망설임, 실수 등 보여 주고 싶지 않았던 모든 것들이 카메라에 노출된다. 카메라는 말없이 그 장면을 담는다.

매일 밤 이어지는 인터뷰는 출연자들의 감정을 고조시킨다. 인터뷰는 일종의 훈육이다. 카메라 앞에서 질문과 대답을 반복하며 오늘 있었던 일들을 곱씹다 보면, 다른 참여자들의 존재가 신경 쓰이기 시작한다. 누군가가 오늘 예상외의 활약을 펼쳤다는 사실이 슬쩍 흘러 들어오면, 출연자의 근육 이곳저곳이 경직되기 시작한다. 내일도 이대로라면, 낙오될 것이라는 불안감이 곳곳에 스민다. 낙오된다고 해서 그의 삶에 어떤 문제가 생기지는 않을 것임에도.

다음날, 반드시 '탈락자'를 만드는 게임이 반복적으로 이루어진다. 애초에 성비를 맞추지 않고 출연자를 고르기도 한다. 탈락의 기운으로부터 벗어나기 위해 그들은 최선을 다하기 시작한다. 이미 존재를 망각한 카메라 앞에서 망가지기를 서슴지 않는다. 노련한 제작진은 다수의 경험을 바탕으로 카메라의 위치를 결정한다. 그리고 여지없이, 출연자는 카메라 앞으로 걸어 들어온다. 제작진은 숨죽여 환호한다. '리얼한 반응'은 이렇게 완성된다. 다듬을수록, 리얼해진다.

재현되지 않는 '리얼리티'

리얼리티 프로그램의 목적은 현실의 정당화다. '현실'을 다루는 건 다큐멘터리와 닮았다. 하지만 다큐멘터리는 점철된 모순과 갈등을 숨기지도 않고, 그것이 한순간에 해결 가능한 문제라고 거짓되게 말하지도 않는다. 오히려 그런 야망들이 얼마나 헛된지 폭로한다. 리얼리티 프로그램이 다루는 현실은 매끄럽다. 문제는 일시적이고, 국소적으로만 일어나므로 해결 가능하다. 시청자는 문제 해결 과정을 지켜보며 카타르시스를 느낀다. 각본이 없고, 화면의 시선엔 주인이 없다. 시청자에게 리얼리티 프로그램은 '현실'처럼 다가온다. (그래서 게임의 형태를 띤 리얼리티 프로그램이 인기가 있는지도 모른다.)

리얼리티 프로그램이 체현하는 현실은 꽤 얄팍하다. 가령 연애 리얼리티 프로그램의 경우 그곳에 출연하는 사람들의 직업은 사람들이 선망할 만한 종류들뿐이다. 이 나라 대부분의 사람들이 종사하는 직업은 등장조차 어렵다. 대부분의 사람들이 긴 합숙에 참여할 만큼 여유롭지도 못하겠지만, 정작 출연료는 벌이를 대체하기엔 부족하다. 뚱뚱한 사람이 등장하지 않는 건 아니지만 화면에 나타나면 비웃는다. 장애가 있는 사람, 낯선 종교를 지닌 사람, 피부색이 다른 사람은 연애 리얼리티 세계에는 없다.

물론 가시화되지 않는 이들을 위한 리얼리티 프로그램들도 종종 만들어진다. 최근엔 성소수자들의 고민을 공론화하기 위해 그들의 삶을 익숙한 포맷에 담으려는 시도들•도 있었다. 하지만 언제나 그들이 '예외 처리' 된다는 사실에는 변함이 없다. '보통'의 사람들이 보고 싶어 하는 세계는 그리 넓지 않다. 자신들이 보고 싶어 하는 세계가 얄팍하다는 사실을 깨닫게 만드는 불편한 프로그램들은 고전한다. 제작자는 뻔히 보이는 고생을 감수할 마음이 없다.

제작자라고 해서 '보통'의 사람과 별반 다를 게 있을까? 오히려 세상 사람들의 감수성과 비슷할수록(비슷하게 둔감할수록) 성공할 확률이 높다. 시청자의 욕망을 정확히 예측하고, 그 욕망을 자신의 것으로 받아들이는 과정에 거리낌이 거의 발생하지 않기 때문이다. 시청자와 제작자가 서로 '리얼하다'고 합의하는 세계만이 반복적으로 재현되고 성공한다.

리얼리티 프로그램이 차용하는 "모사된 냉철함"**은 종종 파국을 불러일으킨다. 시청자들은 리얼리티 프로그램과 현실을 구별하는 데 실패한다. 그렇게 만들어졌기 때문이다. 출연자들은 제한된 환경 안에서 캐릭터로서 존재하는데, 시청자들은 그 캐릭터를 실제 인물과 동일시한다. 리얼리티 프로그램 안에서 벌이는 출연자의 행동은 인신공격의 빌미가 된다. 아이러니하게도 그것이 제작진이 가장 바라던 바였고, 가장 피하고 싶었던 순간이다.

인간이 보여 줄 수 있는 적당히 추한 행위는 극적으로 과장된다. 실제 세상보다 리얼리티 프로그램이 훨씬 역동적일 필요가 있기 때문이다. 대부분의 순간처럼 무미건조하고, 느리게 시간이 흘러가는 모습을 보고 싶어 하는 사람은 없다. 그리하여 누군가의 사소한 행위는 프로그램의 역동성을 위한 연료가 된다. 조롱하고, 비난하고, 훈계하기 위한 '행위'들은 끊임없이 일어나야 한다. 그럴 수 있는 사람은 면접 단계에서 우대받는다.

제작자들은 카메라에 사람들의 일거수일투족을 남기는 일을 두려워하지 않지만, 돌이켜 생각하면 그것만큼 끔찍한 일도 없다. 평생 카메라 앞에서 살기를 선택한 연예인들에게도 기록은 두려운 일이다. 하지만 카메라가 꺼지면 다시 원래의 삶으로 돌아가야 하

- 김효실, 「성소수자 일상·사랑 담은 리얼리티 예능 나온다」, 『한겨레』, 2022.06.22.
- ** 마크 피셔, 같은 책, 352쪽. 다큐멘터리의 시점처럼 대상과 거리감을 유지하면서 중립적인 척하지만 실상은 그렇지 않은, 리얼리티 프로그램의 거짓된 '중립'을 뜻한다.

는 사람들에게 리얼리티 프로그램은 '동의'를 이유로 삶을 완전히 분해한다. 우리는 카메라 앞의 캐릭터로서의 출연자와, 보통의 우리와 같은 사람으로서 출연자를 해체하는 방법을 아직 잘 모른다. 방법도 모른 채 우리는 매일 엮는다. 이 기묘한 자신감이 언제나 두려웠다. 누군가를 사랑할 자격이 있는 사람, 혹은 사랑할 자격이 없는 사람으로 박제해 둘 권한이, 우리에게 있는가?

오래전 종영된 한 리얼리티 프로그램의 시청자 게시판을 관리하던 때, 사람들은 자신들의 불편함을 가감 없이 글로 드러냈다. "방송이 아무리 급하게 종영한다지만, 잘 보고 있던 사람들을 위해서 나머지 방송분은 보여 줘야 하지 않아요?" 우리가 따라가야 하는 사람들이 이들이고, 이들을 가장 잘 따라가는 사람이 유능한 자라면, 나는 가능하면 오래도록 무능하고 싶어졌다.

4, '피자'의 아침

국회로 출근

2014년 여름의 국회는 혼란스러웠다. 몇 달 전 진도 앞바다에선 학생들 수백 명을 태운 배가 침몰했다. 모두 구조되었다는 보도는 오보로 밝혀졌다. 무기력하게 배가 가라앉는 모습을 지켜보며 절망감에 시달렸다. 유가족들은 왜 오보가 발생했는지, 왜 빠른 구조가 불가능했는지, 왜 배가 침몰했는지 그 이유를 알고 싶어 했다. 진상 규명을 위한 특별법 제정을 촉구하며 국회에 농성장이 마련되었다. 한 달도 남지 않은 재·보궐 선거 판세를 두고 여야의 신경전이 벌어지고 있었다.

어수선한 분위기에 국회로 출근했다. 얼마 전 배정된 아침 방송이 개편되었기 때문이다. 보도국과 교양국이 제작을 분담하던 아침 방송이 몇 달 전 통폐합되었다. 뉴스 제작은 보도국이 전담하지만, 아침 방송 전체 제작은 교양국이 담당하는 방식이었다. 교양국 소속 PD들이 출입처 출근을 해야 했다. 출입처 스케치를 도우라는 거였다. 처음이자 마지막일 출입처 경험을 할 사람으로 내가 뽑혔다. 제작팀 막내라 제일 만만했기 때문이다.

쉽지 않을 거라고 직감했다. 예전에도 타 방송사에서 제작국과 보도국이 아침 방송을 함께 만드는 시도를 했지만, 모두 실패하고 다시 원래대로 각자의 일을 하는 쪽으로 결론이 났다. 밖에서 보면 '저널리스트'로 한데 묶일 수 있지만, 안에서 보면 서로는 맡은 바도, 일하는 방식도 전부 달랐다. 사람들에게 세상의 중요한 이야기들을 전달한다는 건 비슷해도, 무엇을 어떻게 전달하는지는 달랐다. 다시 묶는다고 그 결과가 성공적일 수 있을까? 모두가 반신반의했다.

6㎜ 카메라 하나만 들고 정신없이 국회를 뛰어다녔다. 기자 선배들도 바빴고, 나 역시 뒤따르기만 하다 보니 쉽게 지쳤다. 오후 나절쯤이 되어서야 시야에 사람들이 좀 들어왔다. 선배들은 각자 기사를 쓰러 사라졌고, 나는 사무실로 돌아가기 전에 국회를 어슬렁거렸다. 한 무리의 기자들이 누군가를 둘러싸고 있는 게 보였다.

선출된 지 몇 달 채 되지도 않은 여당 원내대표였다. 동료 의원들의 발언의 진의를 해명하느라 진땀을 흘리고 있었다.

납득하기 어려운 발언들이 이어졌다. 하지만 카메라는 어디에도 없었다. 왜 촬영하지 않지? 나중에서야 '백 브리핑'이라는 게 있다는 사실을 알았다. 2차 진술인데, 카메라 앞에서 이루어지는 1차 진술 이후에, 익명을 전제로 이루어지는 진술이었다. 1차가 누구에게나 공개된 정보라면, 2차는 좀 더 가까운 거리에 있는 사람들과 취재원 사이에서 이루어졌다. '딥백' 혹은 '백백 브리핑'이라는 3차 진술도 있었다. 익명으로도 인용할 수 없지만 기사를 작성할 때 맥락을 파악할 수 있는 정보들을 얻는 과정이었다. 진술의 층위에 따라 들을 수 있고, 할 수 있는 말이 달라졌다.

익숙지 않았다. 하지만 요긴해 보였다. 기자든 PD든 지면과 방송 분량을 매번 만들어 내야 한다. 제작 간격이 비교적 긴 PD에 비해, 기자의 마감은 더 잦고 빠르다. 인용할 수 있는 문장, 사용할 수 있는 장면을 확보하는 일은 쉽지 않다. '비보도'를 전제로 하는 진술조차 없다면, 뉴스가 결방되거나 신문이 백지로 나가는 수밖에 없다. 마감이라는 족쇄로부터 자유로운 기자나 PD가 몇이나 될까?

게다가 정례화된 백 브리핑이 사라져도, 보도가 더 투명해지리라는 보장도 없었다. 오히려 친분이 있는 기자들 몇몇에게만 뉴스가 될 만한 소재를 주는 방식으로 언론을 조율할 위험도 있었다. 차라리 출입 기자 전원에게 동시에 백 브리핑을 하는 쪽이 나을 수도 있었다. 매일 출입처로 출근해 얼굴을 맞대야 하는 사람들이니, 기자들에게 왜 취재원들에게 따져 묻지 않느냐고 핏대를 세우기도 겸연쩍었다. 우리 모두 회사원이고, 매일 해야 할 일이 있을 뿐이지 않나.

부작용은 명백해 보였다. 하지만 지금과 같은 뉴스 상품 생산 체제가 유지되는 한, 대체할 뾰족한 방법이 없다는 것도 이해가 됐다. 타 방송사에서 하는 취재를 혼자만 안 할 수도 없다. 매일 뉴스를 만들어야 하는 사람, 매일 뉴스를 봐야 하는 사람, 매일 뉴스를 내고자 하는 사람들 사이에 형성된 합의체가 하루아침에 사라질 수 있을까? 개별적으로 움직이는 PD들에 비해, 조직적으로 기사를 생산하는 기자에게 출입처라는 수직적인 정보 수집의 그물망은 필요악처럼 보였다.

출입처: 뉴스의 수도꼭지

바깥에서 보면 이해하기 어렵지만, 안에서 보면 그 나름의 이유가 있는 관습들이 있다. 보도와 제작은 꽤 불투명한 영역이다. 이 일을 하지 않는 사람들과 하는 사람들 사이에는 괴리감이 명확하다. 그러나 그렇다고 관습이 모두 정당하다는 것은 아니다. 오히려 그 관습의 부당함을 고민하려면, 왜 만들어지고 유지되는지 그 이유를 파고들어야 한다고 생각할 뿐이다.

눈앞에서 벌어지는 모든 사건이 다 뉴스가 되지는 않는다. 개가 사람을 무는 건 뉴스가 되지 않지만, 사람이 개를 무는 건 뉴스가 된다는 말도 있지 않나. 사건들 가운데 익숙하지 않은 것, 일상적이지 않은 것이 뉴스가 된다. "뉴스는 슬픔에 약간이라도 시의성이라도 보태져야 그 굼뜬 몸을 빠르게 움직인다."●

언론사는 도처에서 벌어지는 사건들을 수집하기 위한 그물망을 설치한다. 그 그물코의 결절점이 '출입처'다. 무엇이 일상적이지 않은 사건인지, 그래서 뉴스 가치가 있는지 여부를 결정하는 건 출입처와 그 주변으로 흩어져 사건을 수집하는 저널리스트들이다. 그들이 알아야 하고, 그들의 흥미를 끌어야 하고, 그들에게 익숙하지 않아야 한다.

● 김인정, 「아픔이 혐오가 될 때」, 같은 책, 105쪽.

출입처는 뉴스 가치가 있는 사건이 자주 일어나는 곳이라고 언론사가 판단한 장소다. 시청, 국회, 청와대, 국방부, 경찰청 등에 설치된 출입처에서 기자들이 수집한 사건들 중 일부가 뉴스가 된다. 임의적인 선택이 아니라, 명확한 가치 판단에 따라 이루어지는 활동이다. 출입처가 아닌 곳에서 벌어지는 사건들보다 이곳을 통한 뉴스가 더 많이 생산될 수밖에 없다.

필요해서 만들었지만, 그렇기 때문에 놓치는 부분들도 있다. 최소한의 투자로 정보를 많이 얻기 위해 정보 출처를 집중한 것이 출입처다. 뉴스 제작이 수월해졌지만 동시에 사건이 배제되고 사건의 위계를 만든다.

> 결론적으로 뉴스망은 정당성을 부여받은 공공기관들에 집중됨으로써 뉴스로서의 고려 대상에서 특정 사건들을 배제시킬 뿐만 아니라, 어떤 종류의 고용자(즉 기자인가 통신원인가) 또는 어떤 보도기관(자사 스태프인가 AP통신사인가)이 작성했는가에 따라 기사의 우선순위가 결정된다고 할 수 있다.●

게이 터크만은 방송사와 신문사 편집국을 출입하며 참여 관찰한 결과를 바탕으로 『메이킹 뉴스: 현대사회와 현실의 재구성 연구』를 썼다. 그는 이 책에서 뉴스를 만드는 것이 언론사가 뉴스를 생산하는 데 의존하는 관행과 제도라고 봤다. 그 관행과 제도에 적합하지 않으면 어떤 사건들은 중요도와 무관하게 보도조차 되지 않았다. "뉴스 제작 업무의 조직화가 뉴스 제작자로 하여금 일부의 현상을 공공의 의제, 즉 '공공의 문제로 논의할 토픽'으로 선정하지 못하게 만든다"••는 것이다.

출입처를 드나드는 이와 그러지 않은 이 사이에는 뉴스를 만드는 방식에서부터 뉴스 가치를 판단하는 방식까지 큰 차이가 있다. 물리적인 마감 시간에 매인 채 실무적인 활동을 한다는 건 누구에게나 동일하지만, 그 내용을 채우는 방식은 같을 수 없는 것이다. 어쩌면 저널리스트의 윤리나 태도, 능력과 같은 개인적인 자질보다 사소해 보이는 문제들, 그러니까 출입처가 설치된 공공 기관의 업무 시간, 뉴스 마감 시간, 출입처의 위치, 시민단체의 활동 지역 같은 조건들이 사건을 뉴스로 만드는 데 예상외로 깊게 영향을 미치고 있는 건 아닐까?

- 게이 터크만, 『메이킹 뉴스: 현대사회와 현실의 재구성 연구』, 박흥수 옮김, 나남출판, 1995, 65쪽.
- • 같은 책, 189쪽.

우리에게만 합리적인 것

조직 안에서 보면 필요하고 당연한 논리와 절차들이, 조직 바깥에서 보면 그렇지 않은 경우들이 있다. 그래서 그 논리와 절차들의 정당성을 확보하기 위해 조직은 '프로페셔널리즘'을 강조하게 된다. 이 절차와 논리가 조직의 전문성을 확보해 준다는 믿음을 끊임없이 재생산하도록 만든다. 하지만 그렇다고 해서 조직 바깥에서 보는 사람들이 그 이데올로기에 꼭 감화되리라는 보장은 없다.

재닛 맬컴의 『기자와 살인자』는 이 안팎의 괴리감을 이해하기 좋은 책이다. 이 책에 등장하는 베스트셀러 작가 조 맥기니스는 실화 범죄 소설을 쓰기 위해 소재를 찾는 중이었다. 아내와 두 딸을 살해한 혐의로 재판을 받고 있던 제프리 맥도널드는 소송 비용을 마련하기 위해 후원회를 열기로 했다. 맥기니스는 후원회 기사를 보고 눈이 번쩍 뜨였다. 자신이 찾던 사례를 발견했기 때문이다.

맥기니스는 맥도널드에게 출판 수익금의 일부를 주겠다고 제안했다. 맥도널드는 자신이 가지고 있던 자료들을 그에게 모두 넘겼다. 맥기니스는 맥도널드와 함께 일상을 보내고, 변론 과정에도 빠짐없이 참여했다. 맥도널드는 맥기니스의 진심을 믿었다. 그가 자신의 '무죄'를 알아줄 것이라고 믿었다.

하지만 맥기니스는 맥도널드의 기대를 배반했다. 그는 맥도널드의 살인죄를 다루는 재판 과정에서 맥도널드가 유죄임을 확신해 왔다고 주장했다. 자료 더미 속에서 맥도널드가 살인자라 볼 만한 확실한 증거가 나왔다고도 했다. 다만 맥도널드가 자료를 폐기하거나, 접근 권한을 취소할 우려가 있어 그의 비위를 맞추는 과정에서 그가 '우정'이라 오해했을 뿐이라 변명했다.

통상적인 취재 과정에서 저널리스트들은 취재원에게 '비진실'을 수단으로 활용하기도 한다. 아는 내용의 전부를 말하지 않거나, 취재 의도를 완전히 드러내지 않기도 한다. 다만 영업 비밀을 다 드러내지 않기 위해 무던히 애를 쓴다. 맥기니스도 자신의 취재 방식이 통상적인 수준이었다고 항변하고자 논픽션 작가들을 증인으로 세웠다.

배심원들은 작가가 '비진실'을 취재 수단으로 활용한다는 말에 오히려 분노했다. 살인자의 거짓말보다, 취재원에 대한 거짓말에 더 분노했다. 이 판결이 취재의 자유를 심각하게 위협할 수 있다는 변호사의 항변도 소용없었다. 맥기니스는 결국 재판에서 패배했다. 저자는 그가 너무 많은 '거짓'의 증거를 남긴 것이 패착이었다고 보았다.

맥기니스가 증인으로 신청한 작가 조지프 왐바우는 전직 경찰관 출신의 실화 범죄 소설 작가였다. 나는 그의 말이 계속해서 맘에 걸렸다. 그는 재판이 끝난 후 재닛 맬컴과의 인터뷰에서 '비진실'의 불가피함을 계속해서 역설했다.

> 반사회적 범죄자와 대화할 때는 전혀 사실이 아닌 말도 하면서 추켜세우고 비위도 맞춰야 해요. 경찰관이든 작가든 그 방법 말고는 진실을 알아내는 데 다른 선택의 여지가 없어. 범죄자들이 우리를 그런 상황으로 몰아넣지. 그들은 그걸 즐긴다고. 상대가 거짓말하고 있다는 걸 확신한 바로 그 순간에 '제 말 믿으시죠?' 하고 물을 때 '안 믿는다'고 사실대로 말하면 책도, 돈도, 시간도, 경찰 수사도 다 물거품이 돼 버려. 그때까지 얻은 모든 걸 잃게 된다고. 그런 상황에서 어떻게 진실을 말하라는 거요? (……) 아니, 난 지금 기자 양반이 도덕적인 척하기를 원하는 거요. 도덕성이 대체 무엇인지를 똑바로 직시하자고. 경찰관으로서 난 로스앤젤레스 시민을 위해 사건을 해결할 도덕적 의무가 있었고, 내가 반사회적 범죄자에게 거짓말이 아닌 '비진실'을 말함으로써 로스앤젤레스 시민을 보호할 수 있다면, 그렇게 해야 할 도덕적 의무가 있었다는 사실을 알아줬으면 좋겠소.●

거짓은 아니지만 그렇다고 진실도 아닌 '비진실'이 도덕적 의무의 일부가 될 수 있을까? PD와 기자에게는 당연한 것이, 보통 사람들에게는 불쾌한 일일 수 있다. 그리고 정확히 그 이유로 맥기니스는 재판에서 패배했다. 우리에게 합리적이고 당연한 것이, 타인에게는 합리적인 것이 아닐 때 우리가 택해야 할 방법은 뭘까?

'출입처'가 기자와 기자가 아닌 사람들 사이에서 그 이해가 완전히 갈라지는 지점이라면, PD에게는 그런 게 없을까? 아마 '인터뷰 자르기'가 그중 하나일 수도 있을 것이다. PD의 질문이 틀렸을 때 친절하게 정정해 줬다가, 그 뒤로 PD가 자꾸 자신의 말을 자르거나 특정 방향으로 대답을 유도한 적이 있다고 불쾌해하는 전문가가 많다. 방송에 인용할 만한 말을 하지 않았더니 다음부턴 연락이 오지 않는다며 허탈함을 토로하는 경우도 종종 있다. 사안이 복잡하여 신중하게 말하겠다는 사람을 어떻게든 을러대어 단순한 이야기만 하도록 만드는 PD가 많다. 나 역시 종종 그런 인터뷰를 했다.

한편으로는 무례하고 자기중심적이다. 다른 한편으로는 현실적인 시간 부족으로 어느 정도 불가피하다. 방향을 되돌리기에는 너무 늦었고, 방송은 나가야 한다. 아주 틀린 말이 아니라면 적당히 눈감고 대답해 줄 사람이 필요하다. 방송에 필요한 말을 잘 해 주는 사람들은 대접받는다. 학자의 자존심과 전문가의 고집을 칭송하는

• 재닛 맬컴, 『기자와 살인자』, 권예리 옮김, 이숲, 2015, 148쪽.

한편, 그들의 목소리를 원하는 대로 재단하려는 고약한 습관은 '어쩔 수 없다'는 이유로 반복된다.

원하는 대답이 나올 때까지 슬롯머신을 돌린다. 인터뷰 내용 중 일부만이 선별되어 나간다는 사실은 서로가 안다. 강조하는 부분이 서로 다를 때 발언자는 자신의 발언에 대한 권한을 박탈당한다. 기자든 PD든 말을 기록하는 과정에서 을이 되어 본 적이 드물다. 강력한 권한으로써 질문을 행사하는 덴 능숙하지만, 그 외엔 다 서툴다. 이것이 방송사 바깥의 사람들에게 '이해 가능한' 일이 아니라는 사실을 어떻게 납득시켜야 할까? 아마도 불가능할 것이다.

언젠가 회사 선배와 취재를 마치고 돌아오던 날, 차 안에 틀어놓은 라디오에선 한 전문가의 인터뷰가 흘러나오고 있었다. 한때 우리 방송에 자주 출연했고, 그때마다 괜찮은 '워딩'을 해 주는 사람이었다. 자신의 의견을 관철하려 하기보다는, 제작진이 듣기 좋은 이야기를 하는 데 능숙했다. 그게 자기를 위한 것이었는지도 모르지만, 적어도 제작자는 빠르게 취재를 마치고 돌아갈 수 있었으므로 싫어하지 않았다. 그는 어느 날 예상치 못한 행보를 걸었고, 좋지 못한 결과를 얻었다.

인터뷰가 끝나 갈 즈음 선배가 나에게 말했다. "자기 의견을 굽히지 않는 전문가는 처음엔 외면을 받아. 하지만 결국 오래 살아남는 전문가는 자기가 책임질 수 있는 말을 하는 사람들이더라고."

단순하고 정확한 진리를 눈앞에 두고, 애써 편하게 살아 보려 했던 나도 덩달아 부끄러워졌다.

5. 언제나, 더미련

어떤 경험들은 시간이 오래 지나도 어제처럼 생생하다. 2002년 초, 퇴근하고 돌아온 아버지가 품속에서 표 두 장을 꺼냈다. 월드컵 4강전 표였다. 축구에 미쳐 있는 아들에게 경기장에서 경기를 볼 기회를 주고 싶어서 몰래 샀다고 했다. 누가 올라오든 실력이 좋은 팀들의 경기니까 보는 재미가 있지 않겠냐고 했다. 돈이 부족해 두 장밖에 못 샀다며 말끝을 흐렸다.

경기 당일 '꿈은 이루어진다'의 한 조각을 들고 목이 터져라 응원했다. 그러면서도 시선은 계속 벤치로 향했다. 선발 라인업을 잘 바꾸지 않았던 터라, 아직 한 번도 경기를 뛰지 못한 선수들이 몇 있었다. 오래전부터 응원해 온 선수도 아직 출전 기회를 잡지 못했다. 모두가 꿈꿨던 월드컵 경기에 그가 한 번만이라도 출전할 수 있기를 간절히 바랐다.

경기는 아쉬운 패배로 끝났다. 그래도 사람들은 웃으면서 자리를 떴다. 여기까지 올라온 것만 해도 행복했고, 아직 한 경기를 더 볼 수 있었으니까. 슬픔보다는 기쁨이 경기장에 감돌았다. 경기를 뛰지 못한 선수들이 주섬주섬 옷을 챙겼다. 뒷모습이 왜인지 쓸쓸했다. 다음 경기에서도 그 선수는 경기를 뛰지 못했다. 그리고 그 월드컵을 마지막으로, 국가대표를 은퇴했다.

방송사에서 괴로울 때마다 그의 마지막 표정을 떠올렸다. 항상 모든 일이 바라는 대로 이루어지진 않는다. 운 좋게 남들보다 이른 시기에 방송사에 들어왔지만, 할 수 있는 것보다 할 수 없는 게 많았다. 주연보다는 조연의 자리가 익숙했다. 시간을 낭비하고 있는 건 아닐까, 적성을 찾지 못하고 헤매고 있는 건 아닐까 한탄했다.

축구가 좋았다. 가장 정교한 신체 부위인 손을 쓰지 않는 게 매력이었다. 혼자서 할 수 있는 게 별로 없다는 것도 좋았다. 움직임이 까다로운 둥근 공이 만들어 내는 예상외의 결과가 좋았다. 아마추어 수준에서는 장비가 거의 필요 없다는 것도 좋았다. 동네 어디든 굴러다니던 다 해진 축구공만 있으면 됐다. 기둥이든 벽이든 벤치든 너비를 가늠할 수 있는 곳이면 어디든 가능했다. 가난해도 할 수 있어서 좋았다.

안경을 몇 벌이나 깨 먹었다. 공을 안고 흙바닥에 넘어지는 바람에 팔이 부러졌다. 서로의 정강이가 부딪혀 운동장을 데굴데굴 굴렀다. 교복 바지 몇 벌은 무릎을 기웠다. 실력이 좋지 않아도 좋았다. 자동차를 쫓아가는 개처럼 공의 뒤꽁무니를 쫓으면 웃음이 나왔다. 보는 것도 좋았다. 이름난 선수들의 부드러운 볼 터치가 신기했다. 마치 손으로 잡은 듯이 공이 발등에 내려앉는 모습에 홀렸다. 선수들 여럿이 지키고 있는 진영으로 홀로 달려드는 공격수의 결기에 두근거렸다.

오래전 〈지단: 21세기의 초상〉(2006)이라는 영화에 홀렸었다. 90분짜리 다큐멘터리 영화인데, 2005년 4월 23일에 열린 레알 마드리드와 비야레알의 경기를 담았다. 경기장에 카메라 17대를 추가로 설치해 지네딘 지단의 움직임을 잡았다고 했다. 처음엔 혼란스러웠다. 영상에서 볼 수 있는 것은 오직 지단의 움직임뿐이었다. 그의 땀방울, 지친 표정, 무거운 발걸음, 번뜩이는 패스, 희열과 좌절의 표정들이 전부였다.

그는 그 경기가 펼쳐지고 1년 뒤, 은퇴했다. 2006년 독일 월드컵 결승전에서 선제골을 성공시킨 후 퇴장을 당해 역전패의 빌미를 제공했다. 영화 역시 그의 퇴장으로 마무리된다. 어시스트를 기록하고 팀의 역전에 기여했지만, 그 끝은 보지 못하고 경기장을 떠났다. 영화는 이렇게 말하는 것 같았다. 비록 그 끝이 씁쓸한 퇴장일지라도, 예상하지 못한 비극일지라도, 우리는 계속 뛰는 수밖에 없다고. 발이 느려지고, 팀에 기여하지 못하는 순간에 절망하더라도, 단 한 번 찾아올 기회를 노리며 뛰는 수밖에 없다고.

그날 이후였다. 기회가 된다면 언젠가 축구로 삶을 이야기하고 싶다고 생각했다. 월드컵 시즌이 다가올 때마다 출장 갈 수 있기를 빌었다. 지금은 거의 없어졌지만, 예전엔 교양국에서도 월드컵이 열리는 현지에 사람을 파견했다. 물론 염불보다 잿밥에 관심이 많았다. FIFA(국제축구연맹)에서 제공하는 영상들을 다루는 기회는 흔치 않은데, 출장을 가면 가능했다. 지단의 표정들을 편집하는 감독의 얼굴을, 나도 몹시 갖고 싶었다.

모든 PD에게 그런 행운이 주어지진 않는다. 사람은 매해 뽑지만 월드컵은 4년에 한 번뿐이다. 중계권료는 해마다 오르고, 제작비 압박은 갈수록 심해진다. 2002년 월드컵처럼 시청률이 천정부지로 오르던 때도 아니라서 이젠 중계를 하면 적자라는 소리까지 들렸다. 게다가 중계권 협상에 다른 채널이 큰돈을 쓸 거라는 소문도 돌았다.● 내게 주어진 시간이 많이 남지 않았다고 생각했다.

지나고 나서야 마지막이라는 것을 알았다. 2014년 브라질 월드컵이 열리던 때였다. 교양국에서도 브라질에 사람들을 보내 콘텐츠를 제작하기로 했다. 매일 열리는 경기의 하이라이트와 미니 다큐멘터리를 포함해 15분 정도 분량이었다. 제작비가 많지 않아 출장을 떠날 인원을 최소로 줄여야 했다. 대한민국 대표팀이 16강에 진출하지 못하면 그날로 프로그램이 접힐 수도 있었다.

내심 기대했지만 불려 가지 못했다. 연출을 담당한 선배 PD, 작가, VCR 편집을 담당할 프리랜서 선배, 그리고 진행을 맡을 아나운서 총 넷이 전부였다. 그마저도 제작비 걱정을 해야 하는 상황에, 한 명 더 출장을 가네 마네 다퉈 볼 여지도 없었다. 시무룩한 표정으로 아침 방송만 열심히 만들던 어느 날, 갑자기 CP실로 불려 갔다. 일 하나만 더 해 달라고 했다. 오전에 일이 끝나면, 오후에 브라질에서 날아올 파일로 종합 편집을 해 달라는 거다. 현지 사정상 경기가 끝나자마자 편집해도 방송 시간을 맞추기가 빠듯했다. "해 줄 수 있니?" "당연하죠!"

허드렛일이라도 좋았다. 꼼꼼하기로 소문난 선배는 CP와의 면담이 끝나자마자 나를 사무실로 불렀다. 출장일까지 며칠도 채 남지 않은 어느 여름날이었다. 선배는 16강전까지의 콘텐츠를 미리 짜 둔 상태였다. 매일 5분 남짓 경기 하이라이트를 만들고, 뒤에 5분은 축구와 관련된 미니 다큐멘터리를 붙인다. 그리고 그다음 날

- 결국 2026년 북중미 월드컵의 중계권은 JTBC가 구매하는 데 성공했다.

의 경기에 대한 짧은 소개로 끝. 미니 다큐멘터리가 가장 문제였는데 최대한 많이 한국에서 만들어 부담을 줄였다. "매일 오후 5시에 영상 보낼게." 선배는 그 말과 함께 브라질로 떠났다.

그 말대로 5시가 되면 선배에게서 지구 반대편에서 전화가 왔다. "어디니?" "편집기 앞에 있습니다." 6층 편집실 복도에는 당시 브라질 IBC(국제방송센터)와 회선이 연결된 데크가 하나 덩그러니 놓여 있었다. 사람들이 수시로 지나다니는 복도에 쭈그려 앉아 선배의 신호를 기다렸다. 60분짜리 작은 방송용 테이프를 데크에 밀어 넣고 기다리고 있으면 브라운관에 편집기 화면이 떴다. 이제 막 컷들이 들러붙어 있는 프로젝트가 보였다. 선배의 목소리가 들린다. "이제 녹화하자." 전화기 너머 경쾌한 스페이스바 소리가 들리면 화면에 오늘의 하이라이트가 재생되기 시작한다.

선배는 꼼꼼했다. 피곤에 지친 목소리였지만 편집점을 하나씩 불러 주었다. "여기엔 자막을 크게 하단에 넣어 주고, 이 선수가 등장할 때는 효과를 이렇게 넣어 주면 좋겠어. 그리고……" 선배가 불러 준 수십 개의 편집점을 받아 적으면 선배는 전화기 너머로 사라졌다. 테이프를 빼어 들고 종합편집실로 뛰어가 선배가 불러 준 대로 하나씩 작업을 해 나갔다. 못 미더웠는지 선배의 동기가 편집실 뒤로 슬쩍 들어와 앉았다, 나갔다. 방송 2시간 전, 불러 준 대로 작업을 끝내고 나면 느긋하게 기다리면 됐다. 별로 어려운 일도 아니었으니 그저 즐겁게 했다. 시간이 뜨면 회사 영상 아카이브 시스템에 접속해 서버로 들어온 경기 영상들을 봤다. 편집까진 할 수 없었지만 보는 것만으로도 행복했다. 언젠간 내가 이것들을 다룰 수 있을 때가 오겠지.

한때는 골잡이들을 사랑했다. 승부를 결정짓는 한 방이 있는 사람들을 좋아했다. 골잡이가 되고 싶었다. 하지만 누군가는 골잡이를 위해 공을 배급하고, 승리를 지키기 위해 끊임없이 공을 걷어내야 했다. 모두가 골을 넣겠다고 앞으로 나아가면 경기는 엉망진창이 된다.

방송은 축구와 닮았다. 혼자서 할 수 있는 게 없기 때문이다. 마라도나, 크루이프 같은 선수라면 수많은 수비수들을 제치고 골을 기록할 수 있겠지. 하지만 그들도 누군가가 옆에서 마치 공을 받을 것처럼 뛰어 주었기에 조금 더 공간을 확보할 수 있었을 거다.

내게 공이 오지 않을 것을 알면서도, 마치 정말로 공을 받을 것처럼 최선을 다해 수비수를 속이는 움직임을 더미 런 또는 디코이 런이라 부른다. 부지런히 공이 올 법한 곳으로 파고들면서, 수비수들이 따라 움직이도록 해 공간을 창출해 내는 선수들이 있어야 에

이스도 그 파괴력을 배가시킬 수 있다. 골은 결국 마킹을 놓치는 순간에 만들어진다.

내가 공을 잡지 못했다고 해서, 움직임이 가치 없는 것도 아니다. 공간을 만들어 내기 위해 열심히 달렸다면, 우리 팀의 골잡이는 쉽게 찬스를 맞이할 수 있다. 오래 더미 런을 뛰어야 할 수도 있고, 영원히 더미 런을 뛰어야 할 수도 있다. 좌절의 시간이 길어질지도 모른다. 더 이상 내가 무언가를 만들어 내지 못한다는 불안감에 시달리며 버텨야 할지도 모른다.

〈지단〉에서 지네딘 지단의 움직임 대부분은 공과 무관했다. 하이라이트로 편집했다면 대부분의 장면은 잘려 나갔을 것이다. 공을 잡지 않은 선수들의 움직임은 '공백'처럼 여겨지기 때문이다. 하지만 지단은 자신에게 온 단 한 번의 찬스를 잡아 호나우두에게 결정적인 패스를 한다. 그리고 다시 긴 시간 동안 공과 무관하게 필드 위를 뛰어다닌다. 영웅도, 모든 순간에 주인공인 것은 아니다.

결국 손톱만큼만 도움이 되었더라도 상관없다. 누구를 데려다 놓아도 그 정도는 해냈을 거니까. 단지 해야 할 일이 있었을 뿐이고, 하면서 즐거웠을 뿐이다. 원 없이 축구 영상을 보고 망상을 펼쳐 본 시간이었다. 언젠가 찾아올 기회를 위한 준비 시간으로 썩 괜찮지 않나? 기회가 오지 않아도 추억으로서 나쁠 건 또 뭔가. 그게 내가 방송사에서 축구와 맺는 인연의 마지막이라면 그럭저럭 재미있지 않은가. (물론 축구 다큐멘터리를 시켜 주신다면 열심히 하겠…….)

    2018년 러시아 월드컵 당시 준우승을 기록한 크로아티아의 주전 센터백 도마고이 비다는 2022년 월드컵에서 단 한 경기도 뛰지 못했다. 신예 요슈코 그바르디올 선수의 능력이 출중했기 때문이다. 일곱 경기를 치르며 그바르디올의 체력이 모두 소진되었음에도 불구하고 감독은 도마고이를 벤치에 두었다. 그러나 도마고이는 마지막 경기가 끝날 때까지 웃었다. 언젠가 내가 이 일을 끝낼 때에도, 똑같이 웃을 수 있었으면 했다.

6. (팝니다: 타인의 고통, 공감한 적 없음.)●

● 어니스트 헤밍웨이가 썼다고 하지만 진위 여부는 불분명한 'For sale: Baby shoes, never worn'(팝니다: 아기 신발, 사용한 적 없음)을 비틀었다.

미아 월레스: 대화할 때 당신은 듣는 편인가요, 아니면 말하기를 기다리나요?

빈센트 베가: 말하기를 기다리죠, 들으려고 시도하면서요.●

질문지를 보고 읽는 데 급급하던 때가 있었다. 사전에 정해 둔 대로 묻는 것도 힘들어서, 인터뷰 중간에 질문지를 꺼내 읽은 적도 있다. 질문에 급급하니 들리지 않았다. 상대방의 말뜻을 헤아려 대화를 이어 나가기보다, 앵무새처럼 주어진 질문들을 내리읽었다. 혼나고 싶지 않아서였다. '왜 이 질문은 안 하고 오셨나요?'라는 작가의 비판이 싫어서였다. 취재원을 이해하면 자연스럽게 나올 수 있는 질문들이었다. 질문을 외울 게 아니라 사람을 이해했어야 했다.

● 영화 〈펄프 픽션〉(1994)의 삭제된 신. 쿠엔틴 타란티노는 〈펄프 픽션〉 블루레이 디스크의 부가 영상에서 자신이 삭제한 장면들을 소개하고 삭제의 이유들을 설명했다. 유튜브에서도 확인할 수 있다. https://www.youtube.com/watch?v=hueSWAj0PK4 9분 17초부터 9분 32초 참고.

입사 면접 때, 한 선배가 물었다. "방송사를 한 마디로 뭐라고 생각하나?" 나는 '귀'라고 대답했다. 방송사는 잘 말해야 하는 곳이고, 잘 말하려면 잘 들어야 한다고. 마이크가 없는 사람들의 낮은 목소리를 잘 들어야 그들에게 마이크와 스피커를 가져다줄 수 있다고 자신 있게 대답했던 게 엊그제 같은데. 고작 몇 년 사이에 나는 세파에 찌들고 지쳐 기계처럼 문장과 화면을 따오는 존재가 되어 있었다.

비극은 넓고 깊다

'장승' 같은 프로그램이 있었다. 온라인 커뮤니티에서 쉽게 대본을 구할 수 있다는 농담이 나돌 정도로, 구성과 포맷이 고착된, 오래된 프로그램이었다(실제로 몇몇 글들은 꽤 그럴듯해서, 분하지만 웃었다). 조금씩 편집 스타일은 달라졌지만, 핵심은 그대로였다. 세상 사람들이 깜짝 놀랄 만한 기술이나 능력을 가진 보통의 사람들을 소개하는 것. 조연출 생활이 끝날 때쯤, 이곳에 발령을 받았다.

사실상 첫 VCR 연출이었다. 주기적으로 10분 안팎의 영상을 만들면 되었다. 내가 VCR의 방향타를 잡고 간다는 사실에 들떴지만, 10분이라는 시간을 채우는 게 만만치 않다는 사실에 금세 불안해졌다. 다른 선배들은 '그림'이 될 만한 아이템들을 찾아 서둘러 서울을 벗어났다. 나는 한 주가 다 되어 가도록 어디로 가야 할지도 정하지 못했다.

방송 예정일까지 채 두 주도 남지 않게 되니, 모두가 불안해졌다. 선배들이 고민하다가 방송이 안 될 것 않아 포기한 제보들까지 샅샅이 훑었다. 작가들의 비밀 주머니까지 탈탈 털었다. 마뜩지 않지만, 그래도 개중 괜찮은 제보가 있었다. 일단은 내려가는 수밖에 없었다.

한참을 달려 내려간 곳은 근처에 집도 몇 없는 시골이었다. 나이가 지긋한 할머니께서 우릴 반겼다. 집은 작고 낡았지만, 거동이 불편한 할머니에겐 그마저도 광활했다. 매일 들고 나는 부엌과 방 사이의 낮은 턱도 할머니의 움직임을 제한했다.

방을 둘러보았다. 작은 수납장 위에 수십 권의 책이 쌓여 있었다. 오래된 책들 사이로 몇 권, 새 책처럼 상태가 좋은 것들이 보였다. 대부분은 귀퉁이가 닳아 있었고, 책등은 주름져 있었다. 좁고 답답한 방에서 벗어날 수 있는 몇 안 되는 통로처럼 보였다.

"원래 책을 좋아하셨어요?" "아니, 쓰러지고 나서야 좋아했지." 고혈압으로 거동이 불편해진 후부터 책을 읽었다고 했다. 농사

일이 급해 소학교를 마치고는 책과 무관하게 살았지만, 항상 뭔가를 배우는 게 좋았다고 했다.

책들을 누가 가져다줬는지 궁금했다. 조심스레 물어보니 손주가 가져다줬다고 했다. 고등학생인데, 지금은 먼 데에 있어서 만날 수 없다고 했다. 문득 방송이 끝나기 전에 한 번 만나서 같이 서점에 가면 좋겠다고 생각했다.

평범한 촬영이었다. 할머니가 책을 읽는 모습, 식사하며 일상생활을 하는 모습, 학생들과 퀴즈 대결을 하는 모습 등 하나씩 찬찬히 찍어 나갔다. 이건 찍었고, 이건 필요 없고, 이 말은 들었고, 이 말은 빼고. 구성안에 적힌 대로 기계적으로 말과 삶을 담았다.

마지막 날 밤이 되었다. 할머니가 잠드실 때의 모습이 필요해서 카메라를 들고 있었다. "할머니, 이제 주무시면 돼요. 주무시는 거 찍고 가려고요." "이렇게 늦게까지 찍어서 어떡해? 집에 어떻게 돌아가려고 그래?" 할머니는 잠들지 않고 계속 질문을 이었다.

사전에 적어 둔 질문지는 다 끝났고, 할머니는 계속 뒤척거리셨다. 나는 말을 잃고 그저 카메라만 켜 두고 할머니 옆에 앉았다. 나를 물끄러미 바라보던 할머니가 적막을 깼다. "손주 같네." 그러고 보니 손주 이야기를 완전히 잊고 있었다. 어디 갔다고 했더라?

"왜 못 와요?" 손주가 있을 만한 곳을 머릿속으로 훑었다. 먼

데가 있다면 서울? 아니면 해외? 편집까지 시간이 살짝 남은 것 같긴 한데, 전화 통화라도 할까? 미리 좀 고민할걸. 왜 생각을 못 했지? 생각하는 동안 바깥에서 희미하게 들리던 자동차 엔진 소리도 가라앉았다.

"바다." 할머니는 손주가 바다에 있다고 했다. 머리를 한 대 얻어맞은 느낌이었다. 무슨 말을 해야 할지 몰라 멍했다. 할머니는 노래를 불러도 되냐고 했다. 손주에게 들려주고 싶다고 했다. 밤이 깊어질 때까지 할머니는 노래를 불렀다. 노래였는지 울음이었는지는 기억이 잘 나지 않는다. 할머니는 카메라를 끝내 신경 쓰지 않았다.

예상하지 못한 곳에서 갑작스레 마주한 비극의 흔적 앞에서 나는 당황했다. 이렇게 마주칠 줄 몰랐고, 어떻게 그 슬픔에 대응해야 할지도 몰랐다. 바다에 배가 가라앉을 때 남긴 상처는 넓고 깊었다. 사고로부터 몇 년이 흘렀음에도 여전히 그날에 매여 있는 사람들이 많았다.

할머니는 그 누구에게도 보여 주지 않았던 말과 표정을 카메라에 남겼다. 나는 이 말들을 실어 올려야 할지 고민했다. 영상을 아름답게 편집해서 보여 주는 것도 아픔을 나누는 방법일 수 있다고도 생각했다. 하지만 이 프로그램 포맷 안에서 어떻게 온전히 아픔을 담아낼지 알 수 없었다. 결국 나는 서울에 올라와 아무 말도 하지 않았다. 방송엔 아무런 이야기도 나가지 않았다.

엄연히 존재하는 상처들을 억지로 잊으라는 자들이 있다. 그들에게 맞서 기억을 계속해서 상기시키는 것은 중요하다. 하지만 말하고 떠들고 다닐 자격에 대해 스스로 되물어야 한다. 나는 왜 고통을 공유하는가? 상처는 어떻게 되풀이되어야 하는가? 나는 어떤 권한으로 타인의 고통을 공유하는가?

'사건'의 기억을 나누어 갖는 것은 어떻게 하면 가능한가. '사건'의 기억을 타자와 나누어 갖기 위해 '사건'은 먼저 이야기되어야만 한다. 전달되어야만 한다. '사건'의 기억을 타자와 공유해야만 한다. 그러나 '사건'의 기억을 타자와 진정으로 나누어 갖는 형태로 '사건'의 기억을 이야기한다는 것은 어떤 것인가. 그와 같은 서사는 과연 가능한가. 존재할 수 있는 것인가. 존재한다면 그것은 리얼리즘이 보여 주는 정교함의 문제인 것일까. 하지만 리얼하다는 것은 어떤 것일까. 수많은 물음이 생겨난다.●

오카 마리의 『기억·서사』는 탈 자아타르 난민 캠프에 대한 이야기로 시작한다. 탈 자아타르는 레바논 베이루트 교외에 위치한 도시로, 이스라엘의 건국으로 인해 고향에서 쫓겨난 팔레스타인 난민들을 수용하는 캠프가 있다. 30년 가까운 시간 동안 머물러 있던 이들은 두 번째 비극을 맞이한다. 1975년 레바논의 기독교도 우파 민병대는 이곳을 포위하고 난민들을 학살했다.

그녀는 1991년 발표된 소설을 통해서 사건의 존재를 접했다. 팔레스타인 여성 작가 리아나 바드르가 쓴 『거울의 눈(*The Eye of the Mirror*)』이다. 사건을 인지하기까지 20년의 시차가 있었다. 1인칭과 3인칭을 넘나드는 소설은 일반적인 리얼리즘 소설의 관습에서 벗어나 있다. 오카 마리는 이 탈구가 두 가지를 말해 준다고 본다. 하나는 기억이란 말해져야만 한다는 것, 다른 하나는 그럼에도 불구하고 사건 바깥의 사람들이 사건 안의 일을 온전히 이해할 수는 없다는 것. 정말, 기억의 '나눔'은 근본적으로 불가능한가?

언론은 언제나 사건의 바깥에 있다. 그러면서도 사건에 대해 온전히 이해하는 존재처럼 군다. 당사자들이 겪은 고통에 대해 해석할 권리, 말을 대신할 권리가 자신에게 있다고 믿는다. 카메라에 타인의 고통이 수집되었다면 그것은 어떻게든 표현되어야 한다. 언론은 그래야 한다는 생각은 대전제처럼 보인다.

하지만, 어쩌면 잊기 위해서 털어놓은 이야기에 다시 생명을 불어넣어 영원히 세상을 떠돌게 하는 건 아닐까. 원하지 않았던 기

• 오카 마리, 『기억·서사』, 김병구 옮김, 교유서가, 2024, 22쪽.

억이 다시금 되살아오도록 만드는 건 아닐까.

인간은 기억의 주체가 아니다. 기억은 인간의 의지와 다짐을 무시하고 불현듯 밀고 들어온다. 나 역시 잊고 싶은 기억들이 때때로 나를 완전히 짓눌러 버리는 경험을 할 때마다 매번 몸서리친다. 고통스러운 사건을 경험한 이들이 이를 공유하고 알리겠다고 다짐했더라도, 기억과의 전쟁에서 얻는 상처들은 분명히 존재한다. 기억을 '공유'하겠다고 나설 때 언론은 어디까지 책임을 지려 하는가?

기억을 공유한다는 것은 기억의 주기적인 침입을 영원히 반복하겠다는 의미다. 상처 위에 상처를 다시 내면, 흉터가 커지진 않아도 깊어진다. 끊임없이 자신의 살을 파먹는 시도를 하라고 카메라는 유혹한다. 여기 당신의 고통을 증언하시오, 그것이 대의와 공익을 위한 것이오. 나는 내 일이 종종 악마적이라고 느낀다. 나는 그 상처와 무관할 것이고, 영원히 정의로울 것이므로.

불가능한 것은 불가능하다

사람들은 저마다의 자리에서 사건을 경험한다. 누군가는 당사자로, 누군가는 지인으로, 누군가는 제3자로, 누군가는 취재 인력으로. 각자의 시선에는 맹점이 있다. 아무리 여러 사람들의 시선을 교차시킨들 완벽한 복원은 불가능하다. 사건은 좋든 싫든 사람을 영원히 바꾼다. 우리는 사건의 안과 밖에 동시에 설 수 없다. 그럼에도 모든 것을 알고자 하는 욕망에 시달린다. 카메라 앞에 당신의 고통을 이야기하라, 그리하여 우리가 모르는 세상의 전모를 알게 하라.

> 우리는 계속해서 그녀들에게 그 육신을 더욱더 깊이 파헤쳐 당사자밖에 알 수 없는 고통을 증언하도록 요구해야 할 것이다. 그러나 도대체 얼마큼 그 육신을 찢어발기고, 얼마큼 그 육신을 파헤치고, 얼마큼의 고통으로 육신을 헤집고 증언해야 '진실'을 말하게 되는 것일까.●

고통의 서사를 공유하는 목적은 무엇일까. 어쩌면 사건을 반복하여 곱씹으면서, 사건의 당사자가 아니라는 사실을 계속해서 재확인하고 안도하려는 것은 아닌가. 우리에겐 평화가 허락된다는 믿음 아래에서, 타인의 고통을 기억한다는 정의로움을 광고하고 싶어서는 아닌가. 그래서 그들의 고통을 '리얼'하게 재현해 달라 요구하고, 눈물을 요구하고, 끔찍한 사건을 복기해 달라고 말하면서, 이

● 오카 마리, 같은 책, 59쪽.

를 즐기는 것은 아닌가.

　이것이 영원히 나의 일이 아닐 것이므로, 그 끔찍한 폭력의 결과로부터 나는 자유로울 것이므로 더욱 잔인한 재현을 원하고, 그 재현 앞에 눈물을 흘리며 '다시는 이런 일이 일어나서는 안 된다'고 분노를 표하고, 일상으로 돌아가기 위해서는 아닌가. 대속을 위해, 타인의 고통이 필요한 것은 아닌가.

　명징한 언어로 드러나지 않고, 몸짓, 표정, 눈물, 한숨으로 드러나는. 그러니까 흔적으로만 드러나는 고통이 있다. 이 말이 누군가에게 전해지길 바라면서 내뱉는 것이 아니라, 그저 감정을 흘러내리게 할 수밖에 없어서 토로하는 고통이 있다. 그것들을 어떻게든 붙잡아 '당신의 고통'을 전시하라고 말할 수는 없었다. 그 고통을 할머니의 행동을 설명하는 서사의 한 단계 안에 박제해 두고 싶지 않았다. 적어도, 이 포맷으로는 가능하지 않다고 믿었다.

# 7. 그럼에도 불구하고, 18초

호사카 스구루: 일상의 울분을 대본으로 풀려는 당신 기분은 이해가 됩니다. 하지만 거기에 휘둘리는 우리 입장도 이해해 줬으면 합니다.
스즈키 미야코: 여러분이 모두 달려들어 내 대본을 엉망진창으로 만들어 놓고는…… 잘도 그런 소리를 하는군요!•

웰컴 미스터 맥도날드

방송사 일이라는 게 으레 그렇지만, 원하는 대로 일이 진행되지 않는 날이 많다. 어떻게든 해 보려고 애를 쓰지만, 그럴 때마다

• 영화 〈웰컴 미스터 맥도날드〉(1997).

문제가 더 꼬이기도 한다. 해답이 없어 끙끙 앓기도 했다. 그럴 때마다 머릿속에 재생되는 영화가 있다. 미타니 코키의 〈웰컴 미스터 맥도날드〉다. 생방송 라디오 드라마 제작 현장에서 일어난 소동극을 다루는 영화다. 평범한 주부 스즈키 미야코(스즈키 쿄카 扮)는 부푼 꿈을 안고 방송사로 향한다. 얼마 전 라디오 드라마 공모전에 제출한 그의 각본이 당선되었기 때문이다. 리허설도 비교적 순조롭다. 이제 생방송 신호가 들어오면, 자기의 각본이 처음으로 전파를 타는 모습을 볼 수 있다.

문제는 엉뚱한 데에서 시작된다. 한물간 여배우가 갑자기 자기 캐릭터가 마음에 들지 않는다며 각본을 바꿔 달라는 거다. 생방송까지는 얼마 남지 않은 상황, 대체할 사람도 없으니 무리한 요구를 들어줄 수밖에 없다. '어, 바꿀 수 있네?' 그 여배우와 사이가 좋지 않았던 남배우도 고집을 부리기 시작한다. 일본 어촌의 어부와 주부의 사랑 이야기가, 미국 시카고의 비행기 조종사와 변호사의 사랑 이야기로 바뀐다.

드라마는 산으로 간다. 생방송을 중간에 끊을 수도 없고, 앞 내용을 정정할 수도 없다. 설정이 바뀌면 바뀌는 대로 가는 수밖에 없다. 심지어 배우들은 대본도 무시하고 애드리브를 남발하기 시작한다. 드라마가 절정으로 치달으면 배경이 갑자기 우주가 된다. 자기 대본이 점차 너덜너덜해지는 모습을 보다 못한 미야코는 결심한다. "차라리 내 이름을 빼 주세요!" 광고 송출로 녹화가 잠시 중단되자, 그녀는 녹음 부스 안으로 들어가 문을 잠근다.

방송 사고가 모두의 눈에 아른거린다. 그때, 라디오 드라마 제작자인 우시지마(니시무라 마사히코 扮)가 마이크를 잡는다. 그리고 영화에서 가장 중요한 말을 꺼낸다.

> 나도 이름을 지워 줬으면 하고 생각한 적이 있어요. 하지만
> 그렇게 하지 않는 건 내게 책임이 있기 때문이죠. 어떤 너무한
> 프로그램이라도 제작자는 나예요. 거기서 도망칠 수 없어요.
> 만족이라는 게 그렇게 쉽게 만들어지지 않아요. 타협하고,
> 타협해서 자기를 죽여 가며 작품을 만들어 가는 겁니다. 하지만
> 우리 모두 믿고 있어요. 그래도 언젠가 꼭 만족스러운 작품이
> 나올 거라고. 이 작품과 관련된 모든 사람들, 그리고 이것을 들은
> 사람들이 만족할 만한 작품이. 다만 이번에는 그렇지 못했다,
> 그뿐이에요.

이 장면 직전까지 우시지마의 존재는 길가의 조약돌 같았다. 있었는지도 모르는, 눈에 띄지 않는 존재였다. 방송 내용에는 큰 관

심이 없고 그저 무사히 방송이 마무리되기만 하면 괜찮다는 태도를 보였기 때문이다. 딱히 능력이나 야심이 있어 보이지도 않았다. 부하 직원은 그의 말을 무시했고, 작가에게 의지도 못 되었다. 상사에게 아부나 할 줄 아는 사람처럼 보였다. 하지만 대사를 듣고 나서 다시 돌아보면, 그는 방송에 대한 책임감을 무겁게 느끼고 있다. 단지 어떻게든 진심으로 방송이 나갈 수 있도록 애썼을 뿐이었다.

그의 말에 사람들은 조금씩 달라진다. 고집을 부리던 사람들이 양보하고, 심드렁하던 사람들이 최선을 다한다. 끝내 엉망진창으로 녹음을 진행하지만, 어떻게든 끝난다. 사소한 사고는 있었지만, 결말은 행복하다. 제작진과 출연진이 모두 자리를 뜬 방송사, 끝까지 남은 우시지마는 부하 직원에게 못다 말한 속내를 그제야 털어놓는다.

> 우시지마: 쿠도, 때때로 난 허무해져. 무엇 때문에 이런 일을 하고 있는 걸까? 모두에게 머리 숙이고, 모두에게 신경 써 가면서 뭘 하고 싶은 걸까, 난?
> 쿠도: 선배가 말했잖아요. 언젠가 모두를 만족시키는 작품을 만든다고.
> 우시지마: 정말 그런 날이 올까?

쿠도: 속편 만든다는 이야기 들었어요?

우시지마: 난 안 해.

쿠도: 작가 선생은 할 생각이던데요.

    영화는 해피엔딩. 단 한 사람이지만, 감격에 겨워 유조차를 끌고 들어온 청취자와 함께 웃으며 다음을 기약한다. 영화가 끝나면, 곧바로 호통 소리가 머릿속에서 울린다. "내가 여기서 왜 조연출 역할을 하고 있어야 하냔 말이야!" 세트장을 울리는 호통 소리. 눈앞엔 그날의 세트장이 펼쳐진다. 플로어 위에는 울기 직전의 표정을 짓는 선배가 있다. 나를 바라보는 눈빛이 간절하다. 고개를 돌려 좌우를 훑어본다. CP는 스케치북을 들고 플로어 아래에 엉거주춤 앉아 있다. 녹화를 도와주러 온 동기는 계속 끊어지는 외부 중계 영상에 넋이 나가 있다. 녹화 시간이 길면 호통을 치는 MC는 "이 프로그램은 근본적으로 잘못됐어!"라고 한탄하고 있다. 그리고 내 앞에는 수십 대의 스마트폰과 노트북들이 놓여 있다. "연결에 실패했습니다"라는 메시지를 연이어 토해 내는 기계들. 여긴 어디고, 나는 대체 누구인가?

소동극의 시작

소동극의 시작은 한 보고서였다. 파일럿 프로그램* 제작팀으로 가라는 인사 명령이 뜨자마자 연출 선배는 나에게 메일을 하나 보냈다. 그해 초 발간된 디지털 비디오 벤치마크 연간 보고서였다. 보고서에는 앞으로 스마트폰이 영상을 주로 감상하는 장치가 될 것이란 전망이 담겨 있었다. 그리고 스마트폰에서 영상을 감상하는 평균 시간이 대략 20초 내외라는 분석도. 선배는 이 부분에 주목했다. 온라인에서 영상을 보는 시간이 극도로 짧은데, 우리도 이 경향을 활용해 볼 수 있지 않을까? 짧은 제한 시간이 역설적으로 창조성을 발현하는 데 도움이 되지 않을까?

당시는 MBC의 〈마이 리틀 텔레비전〉(2015~2017)이 전성기를 달리던 때였다. 인터넷 실시간 방송을 TV 포맷에 결합한 프로그램이었다. 두 포맷의 장점을 잘 조합한 덕에 TV 시청자와 인터넷 방송 시청자를 모두 끌어당기고 있었다. 올드 미디어가 살아남기 위해서 어떻게 뉴 미디어와 접합할 수 있는지를 보여 주는 적절한 사례였다. 뒤집어 말하면, '매스' 미디어가 위기감을 느끼기 시작한 때였다. TV에 익숙하지 않은 세대를 TV 앞에 끌어다 앉힐 방법을 고민하지 않으면 말라 죽을 거란 공포가 있었다.

선배는 팀에 합류한 첫날, 내게 '숏폼'에 대해 아는 게 있는지 물었다. 틱톡이 서비스를 시작한 건 그로부터 1년 후인 2016년이었다. 유튜브 쇼츠나 인스타 릴스는 그보다도 몇 년이 지나서야 서비스를 시작했다. '숏폼'이라는 용어 자체가 생소했다. 방송사가 임의로 정한 60분이라는 틀에 균열은 가고 있었지만, 1분도 안 되는 짧은 영상에 잠재성이 있다고 믿진 않았다. 유튜브 영상도 이야기를 만들 길이는 되었다. 그런데 고작 몇십 초짜리 영상으로 무슨 서사를 만들 수 있을까? 나는 회의적이었다.

선배는 그런 내게 말했다. "인터넷에서 홍수처럼 쏟아지는 영상들 중에서, 사람들이 뭘 볼지 어떻게 고를 것 같아? 초반 20초. 20초 안에 이 영상을 볼지 말지를 결정해. 그럼 초반 20초에 어떤 내용들이 있어야 할까? 어떤 영상이 살아남을까? 궁금하지 않아? 그걸 우리가 한번 보여 줄 수 있지 않겠어?" 선배는 여러 크리에이터들을 모아 짧은 영상들을 만들게 하고, 가장 인기가 많은 영상을 선발하는 방식의 포맷을 제안했다. 그리고 교양 PD로서의 관심을 덧붙였다. 집중력을 '도둑맞는' 시대에, 사람들은 어떤 영상에 끌리는지 인문학적 성찰도 가능하지 않을까?

마침 유튜브에 올라온 최초의 영상이 우연하게도 19초였다.** 유튜브의 공동 창업자 자웨드 카림이 미국 캘리포니아의 한 동물

- 방송 프로그램을 정규 편성하기 전에, 그 가능성을 평가하기 위해 미리 시범적으로 제작하는 일회성 에피소드. 반응이 좋다면 정규 프로그램이나 시즌제로 제작되지만, 그렇지 않다면 끝이다.
- Jawed Karim, 〈Me at the zoo〉, 2005.04.23. https://www.youtube.com/watch?v=jNQXAC9IVRw (최종 확인 2024.05.15.)

원에서 코끼리의 코를 칭찬하는 내용이었다. 그 뒤를 이은 두 번째*, 세 번째** 영상도 각각 10초, 5초 길이였다. 짧았다. 시작이 숏폼이었으니 그 끝도 숏폼이리라. 느린 호흡으로 이야기를 만드는 데 익숙한 올드 미디어 종사자로서 새로운 도전을 해 볼 수 있는 기회라 생각했다.

동시에 걱정도 됐다. 무슨 수로 방송 시간을 다 채울까? 편성 시간은 짧아도 60분, 길면 90분인데. 광고 시간을 빼고, 전후 타이틀 재생 시간을 빼도 순수하게 50분 분량은 만들어야 했다. TV로 숏폼을 보여 주려면 이 영상을 보고 반응하고, 제작하는 과정까지 담는 구성이 필요했다. 선배는 '중계'를 하자고 했다. 짧은 영상을 제작하는 과정을 실시간으로 세트로 전송하고, 세트에 자리한 MC들이 제작 과정과 결과물을 보며 평가를 하자는 거다. 동시에 온라인에 영상을 게재해 시청자 반응도 실시간으로 확인한다면 괜찮지 않을까? 그러니까…… 영화 〈킹스맨〉(2014)에 나오는 가상 회의 아니면 〈신세기 에반게리온〉(1995~1996)에 등장하는 '제레'의 회의 장면을 보여 주고 싶다는 거죠, 선배님?

문제는 기술이었다. 지향하는 방향은 신선한데 이를 구체적으로 운용할 기술이 없었다. 지금이야 모든 플랫폼이 짧은 영상을 제작하고 게재하는 데 편하도록 준비가 되어 있지만, 그땐 아니었다.

짧은 영상을 만드는 애플리케이션들이 없는 건 아니었지만, 이를 공유하고 다수의 반응을 실시간으로 확인할 수 있는 기능은 없었다. 앞의 기획을 실제로 구현하려면 여러 애플리케이션을 조합해야 했다. 검증해야 할 단계가 늘어나면, 오류는 배로 늘어난다. 알고 있지만 달리 답이 없었다.

    한 줄기 희망은 있었다. 당시 트위터는 페리스코프라는 라이브 방송 플랫폼을 막 인수했다. 새 플랫폼을 홍보할 필요가 있었다. 라이브 방송이 되는 소셜 네트워크 서비스가 필요했던 우리는 적극적으로 협업의 필요성을 호소했다. 이 플랫폼이라면, 멀리 떨어진 촬영 현장과 세트를 실시간으로 연결하고 동시에 사람들에게도 홍보를 쉽게 할 수 있지 않을까? 기껏 열심히 만든 영상의 조회 수가 수십, 수백 회에 지나지 않으면 긴장감이 식어 버릴지도 모른다. 하지만 트위터라면 괜찮지 않을까? 지금도 여전하지만, 그땐 정말 많은 사람이 이용하는 플랫폼이었다. 다행히 호소는 통했다. 산 하나는 넘은 셈이었다.

- • mw, 〈My Snowboarding Skillz〉, 2005.04.24. https://www.youtube.com/watch?v=LeAltgu_pbM (최종 확인 2024.05.15.)
- •• gp, 〈tribute〉, 2005.04.25. https://www.youtube.com/watch?v=aBfUFr9SBY0 (최종 확인 2024.05.15.)

산을 넘었더니 더 높은 산이 나오네

미국의 소설가 대니얼 핸들러는 필명인 '레모니 스니켓'이라는 이름으로 활동했다. 그의 작품 가운데 하나가 『불행한 사건의 연속(*A Series of Unfortunate Events*)』이다. 이 작품 속 주인공인 보들레어 삼 남매에게 닥치는 불행에는 끝이 없다. 하나의 불행이 어떻게든 끝나고 나면, 그 후엔 더 큰 불행이 다가온다. 불행의 규모가 작은 것도 아니다. 애초에 삼 남매도 원인 불명의 화재로 고아가 된 채 이야기가 시작된다. 그들은 재산을 노리는 사람들, 방화와 살인이란 누명에 손가락질하는 사람들 사이에서 살아남기 위해 버둥거린다. 왜 갑자기 이런 이야기를 하느냐고? 파일럿 프로그램 제작자들의 운명도 이와 비슷하기 때문이다. 그렇다고 방화와 살인에 연루되어 있단 이야기는 아니고……

파일럿 프로그램의 장점은 어떤 유산으로부터도 자유롭다는 거다. 새로운 출연자들을 구할 수도 있고, 새로운 포맷을 시도할 수도 있다. 새로운 사람들과 함께 일할 수 있고, 새로운 시청자들을 대상으로 만들 수도 있다. 그리고 단점은, 결과를 알 수 없다는 거다. 한 번도 시도해 본 적 없는 방식으로 제작하려다 보니, 머릿속에 완성된 결과물이 그려지지 않아 혼선이 발생하기도 하고, 아예 제대로 제작이 될지 미지수인 경우도 있다. 검증해 본 적 없는 공법으로 지은 집에 들어가 살아야 하는 건설사 직원이 있다면 비슷한 마음일까?

설득해야 할 사람들이 많았지만, 설득이 쉽지 않았다. '숏폼으로 어떻게 방송을 만들겠다는 거야?' 설계도만 있지, 완성된 건물이 없으니 누구도 선뜻 그 집을 사겠다고 나서질 않았다. 출연자 섭외부터 난항이었다. 지금은 스트리머들도 TV에 종종 출연하는 편이지만, 당시엔 꽤 낯설었다. 유튜브 플랫폼에서 인기가 높은 제작자들도 방송사에선 한낱 일반인에 불과했다. '검증'되지 않은 사람들로 방송을 만들었다가 무슨 사달이 날지 모른다는 걱정을 내비치는 사람들이 많았다. 하지만 그러면 소는 누가 키워? 숏폼을 만들 사람들은 그들뿐인데.

기획안은 타협으로 덧칠되기 시작했다. 앞으로 나아가려면 방법이 없었다. 의사 결정의 권한을 가진 사람들의 의견을 존중하지 않으면 방송은 제작이 불가능하니까. 선배의 기획안은 점점 늘어났다. 최종, 최최종, 진짜 최종, 이제 마지막, 최종(수정 불가)······. 마침내 기획안 제목에 '사장님 보고용'이라는 말이 붙은 후에야 수정은 끝이 났다. 처음 기획안과의 거리는 조금······ 멀어졌지만, 그래도 출발선에 설 수 있다는 사실에 우리는 한숨을 돌렸다. 제작 과정에서 또

• 국내에는 『위험한 대결』(전 13권, 문학동네, 2002~2010)이라는 제목으로 소개되었다.

많은 부분들이 깎이고 다듬어질 테지만, 이제 시작은 할 수 있지 않은가.

　선배가 출연자와 제작진 섭외에 나서는 동안, 나는 사소한 것들을 하나씩 준비해 나갔다. 방송에 쓸 트위터 계정*도 만들고, 세트에 설치할 LED 제작업체도 섭외하고, LED에 상시로 띄워 둘 그래픽들도 작업했다. 기술적 문제들은…… 여전했다. 라이브 방송을 LED 기둥에 띄우기로 했는데 LED 기둥엔 스마트폰 화면을 직접 연결해 띄울 방법이 없다는 건 비교적 작은 문제였다. 가장 큰 문제는 숏폼 영상을 스마트폰 안에서 자체 편집하기가 난감하다는 거였다.

카메라 이미 도는데 어떡해요?

　〈마이 리틀 텔레비전〉처럼 출연자들의 실시간 방송 대결을 진행했다면, 기존 라이브 방송 플랫폼들을 이용하기가 쉬웠을 거다. 하지만 우리가 택한 방법은 기존 플랫폼들을 활용하기 난망했다. 실시간으로 제작 현장 화면을 세트로 전송하는 건 라이브 방송 플랫폼을 활용할 수 있었지만, 정작 그들이 만든 숏폼 영상들을 모아 놓고 볼 수 있는 플랫폼이 없었다. 숏폼 플랫폼은 짧은 영상을 쉽게 제작할 수 있도록 각종 기능들을 제공했지만, 그 기능들을 사용할 수 없는 우리는 한 컷씩 현장에서 편집하는 수밖에 없었다.

지금이야 녹화 버튼만 눌렀다 떼면서 컷 편집을 할 수 있지만 그땐 스마트폰으로 촬영한 영상을 노트북으로 옮겨 일일이 잘라 붙이는 수밖에 없었다. 게다가 우리가 택한 라이브 방송 플랫폼은 스마트폰에서만 방송이 가능했다. 기껏 편집한 영상을 다시 스마트폰에 옮겨야 했고, 그 사이에 시간은 한없이 길어졌다. 급한 마음에 영상을 올리다가 오류가 나기도 했다. 계정은 하나인데 여러 제작진이 동시에 영상을 게재하다 모든 영상이 다 사라져 버리기도 했다.

세트에 설치한 내 핸드폰엔 영상이 업로드되었다는 알람이 떴지만, 정작 영상은 없었다. 스튜디오에서 목이 빠지게 완성된 영상을 기다리던 사람들도 할 말을 잃어 가고 있었다. 분명 제작 과정을 보고 열심히 중계를 했는데, 한참이 지나도 결과물이 오지 않으니 지루해하는 게 보였다. 녹화 시간은 어느새 한나절을 꼬박 잡아먹은 상태였다. MC들은 힘에 부친 게 보였다. 언제 영상이 도착할지 모르니 자리를 뜰 수도 없고……. 몇몇 사람들 머릿속에 '망했다'는 단어가 스쳐 지나가는 게 보였다.

- https://twitter.com/sbs18seconds

출연자들의 일정을 맞추느라 녹화 날이 급하게 앞당겨진 게 가장 큰 원인이었다. 해결해야 할 기술적 문제들이 산적해 있었지만 녹화를 뒤로 미룰 수 없었다. 여러 장비들과 새로운 기술을 활용해야 했기 때문에 리허설이 필수였지만, 녹화 전 리허설은 진행조차 어려웠다. 당일 리허설도 화면 구도를 잡고 조명과 세트를 다듬느라 시간이 부족해서 제대로 이루어지지 않았다. 급한 일정으로 사람들을 긴급히 모았던 탓에, 손발을 맞출 기회도 적었다. 선배는 과부하에 걸려 당면한 문제들을 해결하기도 바빴고, 선배의 일을 덜어 주기에 나는 너무 미숙했다.

카메라는 돌기 시작했고, 예상했던 문제들은 어김없이 발생했다. 미타니 코키의 소동극이 그대로 재현되기 시작했다. 기계들은 끊임없이 오작동을 일으켰고, LED 화면은 주기적으로 꺼졌다. 현장 영상은 함흥차사였고, 계정은 오류를 내뱉으며 게재를 거부했다. 프로그램 녹화를 격려하러 촬영 현장을 찾아온 CP는 어느새 플로어 아래에서 스케치북을 들고 진행을 돕기 시작했다. 엉덩이가 반쯤 떨어진 MC를 진정시키느라 작가는 허리가 90도에 가까워져 있었다. 카메라 확인용 모니터 앞 의자는 주인 없이 빙그르르 돌았다. 계속 꺼지고 연결이 끊어지는 기계를 복구하느라 나는 기진맥진했다. 우연히 플로어를 보니 선배가 벙찐 표정으로 서 있었다. 마치 미국 시트콤 드라마 〈커뮤니티〉(시즌 1~6, 2009~2015)에서 트로이 반스(도널드 글로버 扮)가 피자를 들고 집에 돌아왔을 때 지은 그 표정처럼.

김소월 시인은 보습 대일 땅이 없음에 한탄했고, 우리는 리허설할 하루가 없음에 절규했다. 하지만 그렇다고 주저앉아 있으면 누가 대신 만들어 줄 것도 아니었다. 이 방송은 근본적으로 하면 안 되었다는 힐난을 들으면서도, 선배는 사람들을 다독였다. 방송은 그래도 끝을 내야 하지 않느냐며 인이어를 끼고 플로어에 올랐다. 그사이 나는 울면서 케이블을 연결했다. 뭔가 각자가 있어야 할 자리는 아니었지만……. 연출이 플로어에서 발바닥에 땀이 날 만큼 뛰어다니니, 다른 사람들도 군말 없이 몸을 움직였다. 그렇게 녹화가 끝나니 자정이었다.

어쨌든 끝냈다는 게 중요하지

정규 프로그램이 되진 못했다. 시청률의 벽은 높았고, 우리가 생각해도 아쉬운 부분들이 많았다. 지금이라면 훨씬 더 쉽고 편하게 프로그램을 만들 수도 있을 텐데 싶다. 복잡하게 기계들을 연결하느라 시간을 허비할 필요도 없었을 거고, 숏폼에 대해 출연자와 제작진 모두 좀 더 익숙할 테니 만드는 영상들도 더욱 재미있었을 거다. 그리고 잘하면 정규 프로그램이 되었을지도 모르지.

하지만 모든 게 익숙하지 않을 때 뭔가를 해냈다는 게 더 귀중한 경험이지 않나. 마음이 너덜너덜해졌음에도 불구하고 끝을 보았다는 그 경험. 다 닳아 버린 마음을 안고서도 중간에 그만두지 않기로 결심한 데에서 오는 묘한 위로. 아마도 편안하게 프로그램을 만들었다면 느끼지 못했을 감정의 소용돌이. 자기 믿음을 끝까지 조용히 밀어붙이는 사람에 대한 존경심. 이 모든 것들을 결국 연출이 시달릴 압박감으로부터 자유로웠기에 느낄 수 있었던 건지도 모르지만.

우리의 방송이 정규 프로그램이 되는 데 실패한 지 1년 후, 틱톡 플랫폼이 서비스를 시작했다. 그리고 우리는 그다음 해 틱톡을 넘겨 보며 깔깔댔다. "틱톡이 있었다면, 그 고생을 안 해도 됐는데 말이에요." 나는 한탄하듯 말했다. 손가락 하나로 만들고, 손가락 하나로 넘길 수 있는 이 일을 해 보려고 우리는 얼마나 많이 실패하고, 좌절하고, 손가락질 받았나. 그래도 시대보다 한발 앞서서 뭔가 해 보려는 그 시도만큼 멋진 게 얼마나 있을까. 연신 손가락을 바삐 놀리는 선배가 신기했다. 나는 그렇게 새롭고 빠르게 실패를 감수할 수 있을까.

파일럿 프로그램에 함께하자고 말을 꺼내면서 망설이지 않는 PD가 몇이나 될까? 성공이 보장되지도 않고, 자칫했다간 함께할 모든 사람들의 밥벌이가 휘청거린다. 압박감을 견디다 보면 누군가는 괴팍해지고, 공황에 시달리고, 우울증을 겪는다. 살아남은 연출들이 어딘가 마음에 딱딱한 흉터가 내려앉은 듯 보이는 게 그 때문일지도. 하지만 상처가 두려워 기회를 포기하기보다, 비난에 지쳐 중간에 그만두기보다 어쨌든 끝을 내려는 사람의 책임감이 프로그램을 만든다. 그게 내가 원하는 모습과는 많이 달라져 있더라도 말이다.

선배는 해마다 첫 방송일이 되면, 여전히 연락이 닿는 모든 사람들에게 안부 인사를 보낸다. 우리는 어쨌든 끝냈다, 비록 엉망진창이었을지라도. 방송을 하며 무너질 때마다, 선배가 보낸 문자로 버텼다. 그게 꼭 선배가 의도한 건 아니었을지라도.

8. 스위트 홈

집은 안식처여야 한다고, 사람들은 믿는다. 하지만 그 기대는 자주 배신당한다. 경찰청의 『경찰청범죄통계』[•]에 따르면, 2022년 발생한 살인 사건은 총 298건. 그중 동거친족에 의한 살인 사건은 70건(23.5%)에 달한다. 학대도 빈번하다. 보건복지부의 『2022년 아동학대 주요통계』^{••}에 따르면, 2022년 아동학대로 판단된 사례만 27,971건, 그중 부모가 학대행위자인 경우가 82.7%에 달한다.

대부분의 사례는 가정 안에서(78.6%) 일어나지만 현관문 안쪽에서 일어나는 일들은 사적인 문제로 치부된다. 밖에서 관찰하기도 어렵고, 관찰한들 해결책을 강구하기도 쉽지 않다. 게다가 가정의 모든 사연을 속속들이 알 수 없기 때문에 장기적으로 관찰하지 않는 한 정확히 판단을 내리기도 어렵다. 당사자가 숨기고 싶어 하던

- 경찰청, 『경찰청범죄통계』, 2022. 비속살해의 경우 별도의 통계가 존재하지 않는다.
- 보건복지부, 『2022년 아동학대 주요통계』, 2023.

모습이 카메라 앞에 드러날 때, PD는 고민에 빠진다. 나는 어디까지 말할 수 있고, 어떻게 말해야 할까. 무엇이 이 폭로의 목적이 되어야 할까.

게다가 촬영이 끝나면 우리는 다시 문밖으로 나갈 수 있다. 그러나 고통을 겪는 당사자는 어쩌면 폭로 이후에도 별달리 나아질 것 없는 삶을 계속 살 수도 있다. 책임질 수 없는 폭로가 피해자의 삶을 더욱 고통스럽게 만들지도 모른다. 그렇다면 어디까지 개입해야 할까. 사건의 바깥에서 방송쟁이들이 주제를 넘지 않으면서 할 수 있는 말은 무엇일까.

어린아이들이 주인공인 프로그램에 일할 때였다. 아이들이 저마다 가진 반짝거리는 능력들을 소개하는 프로그램이었다. 영어나 수학처럼 공부를 잘하는 친구들도 있었고, 운동신경이 뛰어난 친구들도 있었다. 그중 내가 가장 마음이 갔던 친구들은 좋은 습관과 끈기를 가진 친구들이었다. 비록 당장은 특별하게 뛰어나진 않을지라도 자신의 관심사가 명확하고, 그것을 사랑할 줄 아는 친구들을 찾았다. 때로는 그런 게 무슨 영재냐는 이야기도 들었지만, 영재라는 건 좀 넓게 해석을 해야 한다는, 나름의 항변도 했다. (다만 시청률은 냉정했다.)

아이의 능력 그 자체를 신기해하고 응원해 주는 것도 중요하지만, 그런 아이들을 둘러싼 세계, 그중에서도 부모라는 세계에 대해 생각해 볼 지점들을 많이 던져 주는 것도 중요하다. 어떻게 하면 아이들이 자신의 길을 스스로 고민하도록 옆에서 돕는 좋은 양육자가 되는지를, 다양한 출연자들과 사례를 통해 확인하는 것도 기대한 효과였다. 물론 여전히 많은 부모가 자기 자녀에 대한 맹목적 기대와 욕망에 눈이 가려져 있었고, 우리는 종종 취재를 나갔다가 빈손으로 돌아오기도 했다.

어른들은 아이를 보고 싶은 모습으로만 본다. 자신이 이루지 못한 꿈을 깊게 아쉬워하면, 아이에게서 자신의 과거만을 본다. 아이가 나와는 다른 존재이고, 스스로 생각하는 독립된 삶을 살아가는 존재라고 생각하지 못한다. 자신의 못다 이룬 꿈을 대신 이루기 위한 도구로만 바라보면서, 아이가 그 모든 것을 스스로 원하고 있다고 착각한다. 아이로선 세계의 전부가 부모인 상황에서, 그 기대를 저버릴 수 없기 때문에 부모의 기대를 받아들이고 있을 뿐임에도 말이다. 한참이 지나 뒤돌아보면, 아이는 이미 쓰러져 있다.

승부욕이 강한 아이

때는 겨울이었다. 한 통의 제보를 받았다. 사양길에 접어들었다는 평가를 받는 종목에서 두각을 나타내는 아이가 있다고 했다. 인공지능과의 대결로 한때 반짝 인기를 끌었지만, 한편으로는 더 이상 사람이 무엇을 할 수 있느냐는 회의감으로 휩싸인 종목이었다. 그런 종목에 애정을 가진 아이가 있다면, 꼭 만나 보고 싶었다. 어릴 적 아빠에게 배우려다가 너무 어려워 그만뒀던 터라, 어떻게 이 복잡한 종목을 끈기 있게 해 나가는지 궁금했다. 나는 당장 짐을 싸서 아이가 있는 곳으로 갔다.

그곳은 사람들로 북적였다. 아이들도 제법 많았다. 초등학교에 다니는 친구들이 고사리 같은 손으로 이마를 부여잡고 있었다. 그중 가장 앳된 얼굴의 아이가 보였다. 작고 말간 얼굴로 대결에 골몰하고 있었다. 이마에는 주름이 잔뜩, 손에는 힘이 잔뜩. 집중력이 온몸으로 드러나고 있었다. 대결하는 또래들보다 한두 살은 어려 보였다. 이 아이구나, 가까이서 보니 더욱 어린 태가 났다. 경기를 파악하는 능력도 빠르고, 집중력도 좋지만 대결이 끝나면 영락없는 아이였다. 바닥에 뒹굴고, 장난하고, 카메라를 신기해하는 그런, 그냥 아이.

영상을 어떻게 구성하면 좋을까 하며 아이를 지켜보기 시작했다. 뛰어난 능력을 어떻게 하면 보여 줄 수 있을까? 나이 지긋한 아저씨들과 대결하게 해 볼까? 아니면 또래들과 동시에 대결하는 방법을 택해 볼까? 한참 고민하던 찰나에 건물 안이 소란스러워졌다. 무슨 일인가 싶어 황급히 달려갔다. 아이가 연신 콧김을 내뿜고 있었다. 슬며시 보니 대결에서 진 것 같았다. 아이는 판을 엎을 기세였다. '승부욕이 강한 아이구나.'

오래 지켜보니 습관이 보였다. 실력은 좋았지만, 자존심과 승부욕이 너무 강했다. 대결에서 이길 것 같으면 형과 누나를 놀렸다. 반대로 질 것 같으면 결과가 나기 전에 울며 자리를 뜨거나 판을 아예 엎어 버리려고 했다. 아이의 맞은편에 누구도 잘 앉지 않으려 했다. 카메라 앞에서도 마찬가지였다. 예절을 중요시하는 종목인데, 이렇게까지 승부에 집착하는 이유가 뭘까? 의문이 들었다. 아직 초등학교도 들어가기 전의 나이, 이기는 것 외에 관심이 없는 아이를 어떻게 대해야 할지 난감했다.

아버지를 만났다. 아버지는 우리에게 고민을 털어놓았다. 예상했던 바는 아니었다. 아이가 요즘 게임과 TV에 빠져 제대로 된 연습을 하지 않아 실력이 퇴보하는 것 같아 걱정이라고 했다. 지금보다 어릴 땐 대회에 나가 좋은 성적을 거뒀는데, 요샌 게을러서 답답하다는 거다. 분명 똑똑한 아이인데, 어떻게든 마음만 다잡으면 좋은 선수가 될 텐데. 나는 물었다. 어린아이니까 금방 싫증을 낼 수도 있고, 어쩌면 놀고 싶어서 어리광을 부리는 건지도 모르죠. 왜 이 종목이 싫은지 물어보셨나요?

승부에 과도하게 집착하면서, 동시에 연습은 게을리할 수 있을까. 아이의 마음속이 궁금했다. 그 안에 분명 아이의 행동을 이해할 실마리가 있을 거라 믿고, 우리는 집에서 관찰을 시작했다. 카메라를 집 안 곳곳에 설치하고, 일과를 촬영했다. 말없이 카메라 뒤에 앉아 아이가 이 카메라의 존재를 잊어버리길 기다렸다. 아이는 집에 누군가 다른 사람이 와 있다는 게 신기한 듯, 끊임없이 카메라로 다가왔다. 그래서일까, 평소보다 훨씬 더 긴 적응 기간이 필요했다.

카메라 너머로 관찰한 세계

아침마다 아이는 컴퓨터 앞에 앉았다. 인터넷으로 사람들과 대결해야 했기 때문이다. 이기면 다행이지만, 지면 질책이 뒤따랐다. 아이라서 충분히 집중력이 흐트러질 수 있었지만, 아버지에겐 그마저도 불만스러웠다. 아이는 오늘은 대결하고 싶지 않다고 때때로

어리광을 부렸다. 아버지는 습관이 중요하다며 매몰차게 거절했다. 눈물이 그렁그렁한 채 아이는 오래도록 컴퓨터 앞에 앉아 있었다.

부자 관계엔 감정적 교류가 별로 없었다. 아버지는 그저 아들에게 열심히 배우고 익히기만을 요구했다. 어릴 때부터 미리 배워야 나중에 고생하지 않는다고 했다. 아들이 아버지의 기준을 따라오지 못하면 훈육과 체벌이 뒤따랐다. 하지만 그 후 아이의 감정을 추스르는 데엔 서툴렀다. 아이는 자기감정을 조리 있게 표현하는 데 애를 먹었다. 눈물로 호소해도 떼를 쓴다며 매몰차게 거절당한 경험이 쌓였다.

아버지는 아이가 그 종목을 좋아하고 잘하니 학원에 보냈다고 했다. 하지만 아이는 언제든지 좋아하는 게 바뀐다. 그리고 정말 좋아하는 게 그 종목인지, 아니면 그저 이기는 것인지, 그것도 아니면 자기가 이길 때마다 기뻐하는 아버지인지도 모를 일이었다. 아이가 정말로 좋아하는 게 뭘까? 가끔 아이는 카메라 뒤의 우리들에게 귓속말을 건넸다. 심지어 아버지가 없을 때에도. 저 이 종목 정말 싫어해요. 그럴 때마다 아버지가 아이의 진심을 들을 준비가 되어 있을지 궁금해졌다.

아버지도 한때 이 종목의 선수가 되고 싶었다고 했다. 이 종목을 시작한 후에 자신감도 생기고, 사람들로부터 인정도 받았다고 했다. 다만 늦은 나이에 시작한 탓에 선수가 되진 못했다고 아쉬워했다. 조금 더 일찍 시작했다면, 그만큼 슬프지 않았을 거라고 했다. 자식에게는 그런 슬픔을 물려주고 싶지 않다고 강변했다. 그래서 아이가 이 종목을 해 보고 싶다고 말했을 때 기뻐서 바로 학원에 등록했다고 했다.

문제는 아이가 학원에서 겪는 고립감이었다. 일찍 들어간 터라 학원에는 또래가 없었다. 적어도 몇 살은 더 먹은 아이들뿐이었고, 그곳에서 감정적으로 교류할 사람을 찾기는 더욱 어려웠다. 아이의 감정은 갈 곳을 잃었다. 집과 학원 어디에도 지친 마음을 달래줄 사람은 없었다. 대결하고, 분석하고, 다시 대결하고 복기하며 시간을 보냈다. 이기고 지는 것 이외의 경험은 별로 없었다. 이 종목이 재미가 없어졌다는 사실을 이야기할 사람이 없었다. 아이에겐 분노가 남았다.

이어지는 상담에서도 아이는 분노를 드러냈다. 누구도 자기 목소리에 진지하게 반응하지 않는다는 사실에 크게 좌절해 있었다. 울어도 보고, 화내도 보고, 매달려도 봤지만 소용이 없었기 때문이다. 상담 과정에서 그리는 그림들, 남긴 문장들은 심각해 보였다. 상담을 담당한 선생님들도 걱정스럽다고 했다. 인터뷰 대부분은 방송에 나가지 못했다. 원색적인 표현에 우리는 적잖이 당황했다. 대결에서 이기지 못하면 자신을 인정하지 않는 아버지에 대한 원망을 쏟아 냈다. 대결에서 지면 사랑받지 못할 거란 불안감도 컸다.

아이의 말에 귀 기울이지 않은 건 주변 사람들도 마찬가지였다. 카메라 앞에서 아이의 재능을 칭찬하던 지인들은, 카메라가 꺼지자 냉정해졌다. 특별히 더 낫지 않다, 이대로는 어렵다 같은 말들을 손쉽게 내비쳤다. 가르치는 방식이 온당치 못하다는 사람도 있었다. 인터뷰가 끝나고 나는 궁금해졌다. 가까운 사이라면, 정확하게 말해 줘야 하지 않나? 왜 진실을 말하길 꺼릴까? 이해관계 때문이라는 것을 나중에 알게 되었다. 학원에 일손이 모자란 상황에서, 진실을 이야기하면 아버지를 더 이상 붙잡아 둘 수 없지 않느냐는 말도 있었다. 우리 모두 조금씩 비겁하지만, 이게 어른의 온당한 태도라고 생각하긴 어려웠다.

아이들은 누구의 것도 아니다

프로그램 방향은 살짝 달라졌다. 처음에는 아이의 뛰어난 능력을 보여 주는 게 목표였지만, 그간 촬영한 내용으로는 부모에 대한 상담을 진행하는 쪽이 모두에게 좋겠다는 판단을 했다. 아이의 아버지를 회사로 모셔 촬영한 내용을 공유하고, 프로그램의 방향에 대해 설명하기로 했다. 동시에 정신과 전문의와 함께 현재 아이의 상태를 진단하고, 앞으로의 대책을 함께 논의해 보자고 했다.

2시간, 길면 3시간 정도 걸릴 녹화였다. 하지만 촬영은 예상외로 늘어졌다. 저녁을 먹고 시작한 녹화는 자정을 지나도 끝날 기미가 보이지 않았다. 쳇바퀴 돌듯 아버지와 전문의의 대화가 이어졌다. 아버지는 아이가 이 종목을 계속하기 싫어한다는 말을 믿으려 하지 않았다. 무슨 짓을 했는지 몰라도, 자기에게는 분명 아이가 이 종목을 좋아한다고 말했다고 강변했다. 전문의는 아이와의 상담 내용을 공개했지만, 태도는 달라지지 않았다.

아버지는 의사와 제작진에게 이 종목에 대해 얼마나 아는지 반문했다. 제대로 알지도 못하는 사람들의 조언은 받아들이고 싶지 않다고 했다. 조기교육이 얼마나 중요한지 당신들은 모른다고 했다. 유명한 선수들의 이름을 언급하며, 그들이 얼마나 어릴 때부터 교육받았는지 아느냐고 했다. 우리는 교육을 하지 말라는 게 아니었다. 단지 아이가 행복한 방향이 무엇일지 고민을 더 해 보자는 취지였다. 한 고비만 넘기면 아이도 감사해할지 모른다. 하지만 그 고비를 넘기면서 남을 상처들은 없는지 되돌아보자는 거였다. 하지만 조언은 받아들여지지 않았다.

아버지는 우리가 아이를 구슬려 이 종목을 그만두게 할 작정이라고 생각하는 듯했다. 그래서 촬영이 마무리될 즘 대기실에서 아이를 다시 데려왔다. 의사 앞 소파에 앉힌 후 아버지는 재차 아이에게 물었다. 똑바로 이야기하렴, 정말 이거 하고 싶지 않아? 아이는 기어들어 가는 목소리로 하고 싶다고 대답했다. 그러면 전문의는 다시 아버지를 스튜디오에서 물리고, 아이에게 물었다. 다시 한 번 말해 줄래? 이 종목, 계속하고 싶어? 아이는 다시 고개를 가로저었다.

촬영을 계속하는 것이 의미가 있을까? 우리는 아버지의 마음을 이 자리에서 바꿀 수 없다는 사실을 깨달았다. 아버지는 상담 과정에서 자신의 어린 시절 기억들을 꺼내 놓았다. 자신감 없던 자신이 이 종목을 통해서 어떻게 바뀌었는지 설명하는 부분은 드라마와 같았다. 그래서일까, 그는 확신이 있었다. 자신의 자식도 이 길을 가야 한다고. 우리가 '아버지의 꿈을 아이에게 함부로 투영하지 말라'고 한들 쉽게 바뀌지 않을, 단단한 확신이었다.

하지만 아버지가 구원을 얻은 방식이, 자식에게도 꼭 동일하게 적용될까? 자식에겐 자식 스스로 구원의 길을 찾을 권리가 있다. 스스로 고민할 시간을 주지 않고, 그저 부모가 하라는 대로 따라오라며 윽박지르면 자식은 더 큰 실패에 빠진다. 비록 비틀거리면서 좌절할지도 모르지만, 자식의 삶은 부모의 것이 아니다. 자식은 더 낮게 실패할 권리가 있다. 우리는 끊임없이 아버지에게 아이의 행복에 대해 한 번 더 고민하고, 마음을 들여다보라고 조언했다. 하지만 거기까지가 한계였다. 우리에겐 그 이상의 권한이 없었다.

사건의 관찰자로서 우리는 어디까지 말할 수 있을까? 방송하는 사람들은 마주한 사건에 대해 어디까지 책임질 수 있을까? 촬영은 길어 봐야 몇 주에 불과하다. 그 시간이 지나면 우리는 사건을 더 들여다볼 권한도 기회도 없다. 촬영이 끝나는 날마다 가지 말아 달라고 다리를 붙잡던 고사리 같은 손의 감촉이 오래 남았다. 촬영이 끝나고 돌아오는 길 내내 명치가 아팠다. 상담 과정에서 드러난 분노가 그 아이의 미래를 갉아먹을까 두려웠다.

방송은 예정대로 나갔다. 우리가 목도한 모든 것을 말하진 못했다. 그럼에도 방송은 내보내야 한다고 결론 내렸다. 아이의 삶을 낫게 만들 수 있다고 생각하진 않았다. 단지 한 번 숨 고르기를 할 수 있는 시간은 만들어 볼 수 있겠다고 봤다. 방송이 나간 후, 아버지는 블로그에 이런 글을 써서 올렸다고 들었다. 자기가 방송에 이용당했다고. 처음엔 유명해지고 싶어서 방송을 이용하려 했으나, 순진한 탓에 당했다고 했다. 종목에 대한 이해도가 떨어지는 제작진과 의사의 말을 납득할 수 없다고도 했다. 그리고 악마의 편집을 당해 억울하다는 호소로 마무리를 지었다. 그러면서도 이제는 아이가 더 이상 이 종목을 잘하는 것 같지 않아서, 자식에 대한 흥미가 떨어지고 있다고도 덧붙였다. 나는 별달리 할 말이 없었다. 단지 그날 이후 아이가 따뜻한 포옹을 몇 번이나 더 했을까, 그게 궁금했을 뿐이다.

누군가의 삶을 구원하기엔, 방송은 너무나 부박하다. 우리는 누군가의 삶을 오래 들여다볼 여유가 없다. 파도처럼 밀려들어 오는 다음 방송 일정을 위해 계속 떠밀리듯 떠나야 하므로. 때때로 우리가 마주한 문제들은 너무나 깊어서, 오래 들여다보지 않고서는 해결할 방법이 없다. 여기 문제가 있다고 외치고 다시 다른 상처를 향해 돌진하는 삶이 세상에 얼마나 도움이 되는가. 너무나 많은 삶을 카메라 너머에 남겨 두고 왔다. 애초에 그게 우리가 할 수 있는 전부인지도 모르지만…….

9. 재심이라는 벽

재심은 쉽게 개시되지 않는다. 오랜 시간 동안 여러 단계에 걸쳐 수많은 사람이 관여한 판결이기 때문이다. 이 결정이 잘못되었다고 선언하려면, 그만큼 중대한 하자가 드러나야 한다. 예컨대 숨어 있던 진범이 등장해 자백하거나, 발견되지 않았던 증거가 새로이 등장하거나, 수사 과정에서 명백히 불법이 행해졌거나 하는. 대부분의 재심은 각하된다. 사건이 발생한 지 오랜 시간이 지나 새로운 증거나 진범의 단서를 확보하기 어렵기 때문이다. 게다가 수사에 참여한 사람들이 현직에 없는 경우도 많다. 사람들의 관심이 쏠린 몇몇 사건들이 주목을 받아 착각할 뿐, 재심의 벽은 언제나 높다.

재심을 시도했다가 실패한 사람들의 이야기는 잘 전해지지 않는다. 그들은 자신들이 겪은 고통이 억울하다고 호소할 곳도 마땅치 않다. 재심이 각하되었으니, 받아 마땅한 형벌이었음이 입증된 게 아니냐는 시선도 따갑다. 하지만 재심의 조건이 너무 빡빡하다는 사실은 쉽게 잊힌다. K도 그랬다. 그는 자신이 무고한 사람이라는 사실을 어떻게든 증명하고 싶어 했다. 그는 정말 죄 없는 죄인이었을까?

의심스러운 첫 만남

한 고발 프로그램에서 일할 때다. 국가 폭력의 피해자를 돕는 시민 단체에서 근무하는 B를 만났다. 그는 나에게 재심을 원하는 한 '살인범'이 있다고 했다. B가 설명한 바에 따르면, K는 내연녀를 살해하고 유기한 죄로 수감된 후, 수십 년 만에 출소했다. 처음엔 참고인으로 조사를 받다가 돌연 용의자가 되었고, 경찰 조사에서 자신이 내연녀를 살해했음을 인정했다. 재판에 들어서자 그는 말을 바꿔 결백을 주장했지만, 법원은 그의 번복된 진술을 인정하지 않았다. 알리바이가 명확하지 않고, 진술시 고문을 당했다는 증거도 제출하지 못했기 때문이다.

수감된 상황에서 그는 자신의 재판 기록들을 하나씩 모았다.

정보 공개 청구를 통해 받을 수 있는 자료들을 모두 긁어모았다. 자신의 결백을 주장할 수 있는 단서들이 여기 있다고 생각한 것이다. 수백 페이지에 달하는 수사 기록과 판결문을 모두 수합하고 탄원서를 썼다. 자신의 진술은 유도된 자백이며, 자신은 사람을 죽인 적이 없다고 했다. 그는 형량을 모두 채우고 출소했다. 그 후에도 결백을 주장했지만, 믿는 사람은 드물었다. 수십 년의 형량이 근거도 없이 이루어졌으리라고 생각하기는 어려웠기 때문이다. B는 그의 말에 귀를 기울인 소수의 사람이었다. 그는 고문 피해자, 의문사 유족 등의 사람들에게 '말도 안 되는' 일들이 실제로 벌어졌다는 사실을 잘 아는 사람이었다. 다행히 K는 가지고 있는 자료가 많았고, B는 그의 자료를 모두 검토한 끝에 그의 말이 진실일지도 모른다고 결론 내렸다. 만약 그가 범인이 아니라면, 국가는 엉뚱한 사람의 인생을 송두리째 빼앗고, 그 주변 사람들과 피해자에게 큰 고통을 안겨 준 셈이었다.

이야기를 듣고 K를 만나 보기로 했다. 그의 집은 2층에 있었다. 문을 두드리자 현관을 가득 채우는 덩치의 남자가 나왔다. 한눈에 보기에도 범상치 않은 인상이었다. 왜 그를 경찰이 의심했는지 알 것 같았다. 거뜬히 사람을 제압할 힘이 있다는 게 느껴졌다. 등 뒤로 닫히는 방문 소리가 유달리 거세게 느껴졌다. 그는 억세고 단단한 손으로 종이컵을 잡았다. 그리고 믹스커피를 쏟아붓고 그 위에 뜨거운 물을 부었다. 그 손에 잡힌 컵이 유난히 작아 보였다. 그는 몇 바퀴 수저를 빙글빙글 돌리더니 내 앞에 잔을 내려놓았다. 침이 꼴깍 넘어갔다. 드세요, 입맛에 맞으실지 모르겠지만. 그는 망설임 없이 자기 이야기를 풀어내기 시작했다.

1998년, 사건의 시작

그의 일상은 1998년 무너졌다. 화성 일대에서 일어난 연쇄 살인 사건은 여전히 수사 중이었다. 범인에 대한 어떤 단서도 확인하지 못해 수사가 답보 상태에 빠진 지도 오래였다. 그해 화성의 한 고속도로 근처에서 한 중년 여성의 시신이 발견되었다. 길가에 유기된 채였다. 도로 정비를 하던 도로공사 직원이 아침에 발견했을 때, 시신은 비닐로 둘둘 감겨 있었다. 두개골엔 여러 차례 둔기로 가격한 흔적이 역력했다.

화성 일선 경찰서엔 비상이 걸렸다. 시신이 발견된 장소가 연쇄 살인 사건의 마지막 피해자가 발견된 곳에서 그리 멀지 않았기 때문이다. 온갖 억측들이 난무하기 시작했다. 연쇄 살인이 다시 시작된 게 아니냐는 보도들이 줄을 이었다. 급하게 송고된 기사엔 사실 관계가 틀린 경우도 많았다. 자극적인 보도가 지역 사람들의 불안감을 부추겼다. 범인이 누구든 무조건 빨리 잡아야 했다. 지역 검찰청에서는 강력범죄와의 전쟁을 선포하고 대책반을 가동하기로 했다.

시신을 감싸고 있던 비닐이 중요한 단서였다. 출처를 추적하니 봉제 공장에서 옷감을 담을 때 쓰는 봉투로 판명 났다. 마침 시신의 팔에는 피에 젖은 스웨터가 감겨 있었다. 피해자가 봉제 공장과 연관이 있음을 강하게 암시했다. 공개수배 프로그램에 피해자의 신원을 찾는다는 내용이 나가자 제보 전화가 빗발쳤다. 서울의 한 봉제 공장에서 일하던 노동자 C라는 제보가 들어왔다. 마침 그녀는 시신이 발견된 날 이후로 공장에 출근하지 않고 있었다. 경찰은 빠르게 수사망을 좁혀 들어갔다. 공장 사람들에 대한 조사가 시작되었다. 그중에는 공장을 운영하던 K도 포함되어 있었다.

당시 사건을 담당한 경찰을 수소문했다. 그중 한 명은 우리에게 K를 보자마자 용의자라 확신했다고 말했다. 그가 새벽에 알리바이가 없었기 때문이다. 가장 늦게까지 C와 함께 있었던 그는, 집에 늦은 시간에 돌아와 잠들었다고 진술했다. 하지만 집에 돌아올 때까지 그가 어디에 있었는지 아는 사람이 없었다. 게다가 K는 C에게 돈을 빌려주고 아직 받지 못한 상태였다. 그의 우람한 덩치도 의혹을 키웠다. 주변 사람들 가운데 시체를 들고 멀리까지 너끈히 이동할 만한 이는 그가 유일해 보였다. 그의 무릎에 난 동그란 상처는, 그가 시체를 옮길 때 무릎을 꿇다가 생겨난 것이 확실해 보였다. 경찰은 나에게 그의 인상을 보라고 했다. 그가 충분히 험악한 일을 할 만한 인상이지 않느냐며.

K는 C가 작업반장이라 많은 일을 함께했을 뿐이라고 주장했다. 하지만 경찰은 두 사람 사이를 좀 더 특별한 관계라고 생각했다. 그가 참고인에서 용의자로 바뀌는 데 두 달 정도가 걸렸다. 경찰의 강도 높은 조사 끝에, K는 범행 일체를 자백했다. 그는 C와 공장에서 다투다 우발적으로 분노해 C를 밀쳤고, 기계에 머리를 부딪쳐 피를 흘리는 C를 향해 망치를 휘둘러 살해했다고 했다. 그리고 차에 시체를 싣고 화성으로 이동해 도로변에 유기했다고 진술했다. 다시 집으로 돌아온 그는 짧게 잠들었다가 일어나서 아침에 다시 가족과 함께 공장으로 돌아갔다고 했다. 마치 아무 일도 없었던 것처럼.

경찰은 곧바로 K의 차량에서 흉기로 쓰인 망치를 찾아냈다. 그리고 공장의 수돗가와 계단참에서 혈액으로 보이는 흔적을 발견했다. 그는 살인 및 시체 은닉, 유기를 저지른 죄로 법원에 넘겨졌다. 그는 재판이 시작되자 신문 조서의 내용을 부인했다. 경찰의 강요로 허위 자백을 했다며, 자신은 사람을 죽인 적이 없다고 항변했다. 하지만 법원은 그의 새로운 진술을 인정하지 않았다. 법원이 보기에 그는 죄를 뉘우치지 않은 사람이었다. 대법원까지 상고했으나 형기는 변하지 않았다. K는 17년을 복역해야 했다.

그를 어디까지 믿을 수 있을까

인터뷰는 언제나 아슬아슬하다. 취재원의 말을 온전히 믿어서도 안 되지만, 믿지 않는다는 말을 면전에서 꺼내서도 안 된다. 그랬다간 그는 입을 닫고 긴 침묵으로 빠져들 것이다. 하지만 거짓을 말할 수도 없다. 말을 끄집어내는 데엔 필요할지 몰라도, 끝내는 그 거짓이 취재하는 자의 발목을 잡기 마련이다.

하지만 이번엔 너무 혼란스러웠다. 그의 주장을 온전히 받아들이기 어려웠기 때문이다. 그는 명확한 알리바이가 없다. 피해자를 가장 마지막에 만났고, 피해자에게 원한을 가질 만한 동기도 있었다. 심지어 진술 과정에서 거짓말을 하기도 했다. 최초 경찰 조사에서 C와 술을 마신 적이 없다고 진술했지만, 나중에 음주 단속 기록이 발견되기도 했다. 추궁이 이어지자 아내에게 어떻게 비칠지 걱정되어 거짓말을 했다고 변명했다. 비록 작은 거짓말이었지만, 그의 주장을 경찰이 신뢰하지 못하게 된 것도 이해가 갔다. 큰 거짓말도 하고 있을지 어떻게 알겠는가?

더 납득하기 어려웠던 건, 사람을 죽이지 않고서 죽였다고 인정했다는 사실이다. 그게 가능할까? 아무리 사람이 극한의 상황에 몰려 있다고 해도, 이런 끔찍한 죄를 스스로 뒤집어쓸 수 있을까? 그는 어쩔 수 없었다고 했다. 취조실 바깥에서 어떤 일들이 벌어지고 있는지 몰랐고, 어떤 일이 벌어질지 몰라 두려웠다고 했다. 그는 빨리 밖으로 나가는 게 우선이라고 생각했다. 법원에서 진실을 다투면 될 거라 믿었다. 하지만, 이것은 너무 위험한 도박이 아닌가?

그는 나에게 진실을 말하고 있을까? 아니면 방송의 힘을 빌려 거짓을 진실로 만들고 싶은 것일까? 확신하기 어려웠다. 만약 진실이라면 이토록 억울한 사건도 없겠지만, 거짓이라면 커다란 잘못을 짓는 셈이었다. 취재를 계속해야 할지 포기해야 할지 오래 망설였다. 커피가 다 식을 때쯤 나는 어렵게 말을 꺼냈다. "억울하실지도 모르겠습니다만, 저는 선생님 말씀을 믿기 어렵습니다. 하지만 자료를 주신다면 한번 살펴보겠습니다. 그리고 취재 여부를 결정하겠습니다."

어떤 말이 이어질지 긴장하며 기다렸다. 보통 이렇게 말을 꺼내면 취재를 거절하는 사람들이 있다. 자신을 믿지 않는다는 사실이 드러났으므로. K는 이미 B에게 모든 자료를 보냈고, B가 그 자료를 모두 검토했다는 사실을 안다. 그리고 B가 내게 사건을 꼼꼼히 설명했다는 사실도 안다. 그럼에도 나는 그에게 자료를 보겠다고 말한다. K는 내가 자신을 믿지 않는다는 사실을 안다. 그래도 아닌 것은 아닌 것이다. 자료를 다 꼼꼼히 살펴보기 전에 섣불리 그의 말을 믿을 수는 없는 노릇이다. 슬며시 눈을 감았다. "좋습니다. 다 드리겠습니다."

K는 자기를 믿지 않는 사람들을 많이 만났다고 했다. 그래서 익숙하다고 했다. 자신은 결백하므로 자료를 모두 줄 수 있다고 했다. 그는 노란 서류 봉투에 가지고 있던 자료들을 쓸어 담았다. 그리고 두툼한 손으로 내게 건넸다. 잃어버리지만 않으면 됩니다. 천천히 보시고 돌려주세요. 나는 고개를 끄덕이고 사무실로 돌아왔다.

무엇이 믿을 만한 증거인가

범죄는 증거를 남긴다. 범죄에 사용된 도구, 범죄 현장, 이동 경로, 용의자의 행동 등 모든 것이 증거가 된다. K가 연루된 사건에서도 다양한 증거들이 수집되었다. 하지만 수집된 증거들이 범죄를 확실하게 증명하고 있는지 의심스러웠다. 경찰이 범행 도구로 지목한 망치에서 아무런 혈액 반응이 나오지 않았기 때문이다. 법의학 전문가들은 흉기에서 아무런 혈액 반응이 나오지 않은 게 의아하다고 했다. 나무로 된 손잡이에 한 방울의 피도 튀지 않는 게 가능할까? 꼼꼼히 씻는다고 해도 나무 손잡이 틈새로 배어든 혈액을 지우는 건 거의 불가능하다고 했다. 이 망치가 정말로 범행 도구이긴 한 걸까?

범행 장소로 지목된 곳에도 혈액 반응은 없었다. 수돗가에서 A형 혈액이 발견되긴 했지만 전문가들은 그것만으로 범행이 이루어졌다고 단언하긴 어렵다고 했다. 봉제 공장 특성상 손을 다치는 사고가 비일비재하기 때문이다. 위급한 사고가 아니라면 수돗가에서 손을 씻고 다시 일하러 돌아왔을 것이다. 오히려 C가 머리를 부딪쳤다는 기계에 혈액 반응이 없다는 사실이 의심스러웠다. 좁은 지하 공간에서 머리를 수차례 가격했는데, 범행 도구에도, 범행 장소에도 혈액이 없다. 정말 여기가 범행이 벌어진 곳은 맞는 걸까?

그뿐만이 아니었다. 경찰이 분석을 의뢰한 압수 물품들에선 혈액 반응이 나오긴 했지만, 혈액형을 알기 어려웠다. 압수 물품을 뒤늦게 국립과학수사연구원에 의뢰하는 바람에 부패가 상당히 진행된 탓이었다. 수많은 사람들이 드나드는 공간인 공장, 누구의 혈액인지 가려내는 건 불가능해 보였다. 하지만 K는 경찰로부터 모든 범행 증거가 나왔으니 자백하라는 압박을 받았다고 주장했다. 수사가 어떻게 진행되는지 알 리가 없는 K로서는 달리 방법이 없지 않았을까?

허위 자백은 드물지 않다

남은 증거는 자백이었다. 범행을 스스로 인정했다는 것만큼 강한 증거가 있을까? 그는 경찰과 검찰 조사에서 자신이 사람을 죽였다고 인정했다. 어떻게 저지르지 않은 범죄를 저질렀다고 말할 수 있을까? 허위 자백에 대한 구체적인 통계 자료는 없지만, 드물게 발생하는 일이 아니라는 연구 결과가 있다.* 수원 가출 소녀 사망 사건, 보령 여중생 피랍 사건, 옥천경찰서장 뇌물 사건 등 보도된 허

* 한국은 별도의 통계 조사 데이터가 없으나, 미국의 경우 1980년대부터 20년간 발생한 오판 사례 가운데 약 4분의 1이 허위 자백에 의한 것이라는 연구도 있다. 이기수, 「형사 절차상 허위 자백의 원인과 대책에 관한 연구」, 서울대학교 법학전문대학원 박사학위 논문, 2012.

위 자백 사건도 적지 않다. 게다가 경범죄보다 중형이 예상되는 범죄에서 허위 자백이 더 빈번하게 발생한다는 연구 결과도 있다.•

그의 진술 조서를 분석한 전문가들은 그의 자백에 묘한 지점이 있다고 했다. 일반적으로 범행을 저지른 사람의 진술은 때에 따라 조금씩 달라지긴 하지만, 범행의 핵심적 요소만큼은 일관된다고 했다. 하지만 그의 진술은 가장 중요한 부분이 매번 달라졌다. 예컨대 처음엔 C가 넘어져 기계에 머리가 부딪쳤다고 했다가, 나중에는 머리를 기계에 가져다 찧었다는 식이었다. 전문가는 기억을 혼동하기 어려운 중요한 행위에 대한 진술이 달라진다는 건, 허위 자백일 가능성이 있다는 뜻이라고 했다.

범행을 저지르는 순간에 대한 묘사, 시신을 유기하는 과정에 대한 설명 등 가장 중요한 진술은 조사 단계에 따라 달라졌다. 왜 그랬을까. 그는 경찰의 설득에 말을 맞췄다고 했다. 범행의 증거가 모두 나왔으므로 자백해야 그나마 형량을 줄일 수 있다는 말을 견디기 어려웠다고 토로했다. 고립된 상황에서 벗어나 법정에서 진실을 다투는 게 유리하다고 판단했을지도 모른다. 자신에게 불리한 결정이라고 하더라도 이것이 최선이라는 오판을 했다.

하지만 그의 자백으로 인해 그는 무죄를 입증하기 더욱 어려워졌다. 자백 그 자체가 하나의 증거로서, 다른 증거들을 해석하고 판단하는 기준이 되기 때문이다. 한번 자백이 만들어지면, 수사 과정에서 이 자백이 허위라는 사실이 밝혀질 가능성은 현저하게 줄어든다.

고문을 당하지 않아도 허위 자백은 이루어질 수 있다. 미국 샌프란시스코 대학 법학전문대학원 교수인 리처드 A. 레오는 자백을 검사와 판사, 배심원이 보기에 그럴듯하고 설득력 있게 구체화한 이야기라고 본다.•• 자백을 받아 내는 과정에서 수사관은 물리적 수단 없이도 피의자를 심리적으로 압박해, 자신들이 원하는 결과물을 받아 낼 수 있다. 고문이나 정신적 질환이 없다면 결백한 사람이 허위 자백을 하지 않을 것이라는 믿음과 달리, 경찰들은 피의자를 고립시키고, 자신들의 말을 검증할 수단이 부재한 상황을 이용해 손쉽게 거짓 자백을 만들어 낼 수 있다.

자백 이외의 증거가 마땅치 않고, 자백 역시 그 진위를 판별하기 어렵다면 아무리 그가 의심스럽다고 해도 범인이라 확정할 수 있을까? 한 법학과 교수는 진술 이외의 증거들을 더 엄격히 판단했다면, 쉽게 유죄 판결을 내리긴 어려웠을 것이라고 했다. 최근에는 진술 위주로 재판하지는 않는 추세라, 지금이라면 비슷한 판결이 나진 않았을 거라는 아쉬움도 덧붙였다. 자백이 얼마나 쉽게 오염될 수 있는지 그간의 사례들로 알려졌기 때문이다. 만약 그가 정말

- • Drizin, S. A. & Leo, R. A., "The Problem of False Confession in the Post-DNA World", *North Carolina Law Review*, Vol.82, No.3, 2004.
- •• 리처드 A. 레오, 『허위 자백과 오판: 피의자신문과 형사사법의 구조』, 조용환 옮김, 후마니타스, 2014.

범인이 아니라면, 누가 그가 겪은 피해를 보상할 수 있을까?

그는 모든 것을 잃었다. 가족을 잃었고, 직업을 잃었다. 오래 연락하던 모든 사람들을 잃었다. 더 슬픈 것은 허위 자백을 위해 구체적으로 사건을 구성해야 했다는 점이다. 그가 만약 허위 자백을 한 것이라면, 그는 사건의 내막도 모르면서 잔혹한 범죄를 상상해 대답한 것이다. '누가, 언제, 어디서, 왜, 무엇을, 어떻게'를 고민하며 범죄자의 마음으로 다가가야 했을 것이다. 그가 누명을 쓴 거라면, 그는 허위 자백이라는 '고문'에 한 번 더 시달린 셈이다.

만약 그가 진범이 아니라면, 유가족은 그리고 K의 가족이 겪어야 했던 고통은 누구의 잘못으로부터 비롯된 것일까?

제3의 인물은 어디로

만약 C의 주변 인물 가운데 의심이 가는 다른 사람이 있었다면 어떨까? 경찰이 C와 K의 관계를 의심하고 K를 추궁하던 때, 공장에 드나들던 사람들은 J를 떠올렸다. 산행을 좋아하는 C는 산행 모임에서 J를 만났다. 그는 하루에도 수차례 공장으로 전화를 걸어 C의 안부를 물었다. 그래서 공장 사람들은 C가 공장을 나오지 않는 동안 으레 J와 있겠거니 생각하고 있었다.

사건 발생 며칠 후, 공장에 한 통의 전화가 걸려 온다. J다. 그는 뜬금없이 신문 기사를 보았느냐고 묻는다. 한 신문에 어떤 여성이 화성에서 변사체로 발견되었다는 보도가 났다는 것이다. 그는 C가 파마를 했는지, 며칠 전 어떤 옷을 입었는지 물었다. 공장 직원들이 당신이 더 잘 알지 않느냐고 반문하자 전화는 그대로 끊어졌다. J에 대한 이야기는 이렇게 끝난다.

J에 대한 수사는 어떻게 이루어졌을까? 알 수 없다. 공판에서 증인들이 J의 존재와 전화 내용을 언급한 것이 전부이다. 이미 그때 K는 자신의 범죄를 자백한 상태였다. 별도의 용의자가 있어서도 안 될 일이지 않았을까? 만약 수사 초기 J라는 사람에 대한 조사가 이루어졌다면 어땠을까? K가 모아 둔 자료 어디에도 J에 대한 이야기는 없었다. 수사 방향이 너무 빨리 한 사람을 향해 있었던 건 아닐까? 묘하게도 당시 사건을 담당했던 경찰 한 명은, 10년 전 다른 사건에서 억울한 사람을 진범으로 몰아 유죄를 받게 만든 수사관 중 한 명이었다.

재심의 벽은 높아야 할까

살인 동기, 살인 방법, 살인 후 동선, 시체 유기 방법, 유기 후 범행 도구의 처리 등 그 어떤 것도 명확하지 않았다. K는 뻔뻔하게 살인을 저지르고, 모든 증거를 철저하게 지운 사람일까, 아니면 그저 잘못된 표적이 되어 증거가 없음에도 억울한 옥살이를 한 사람일까? 자료가 그의 진실을 알려 주진 않는다. 단지 그가 유죄를 받기에 부족한 증거들에도 불구하고 수감되었을 가능성이 있음을 말해 줄 뿐이다.

K는 방송을 촬영하며 재심을 준비했지만, 끝내 각하되었다. 재심을 개시하기 위해서 필요한 자료들을 확보하지 못했기 때문이다. 방송이 할 수 있는 건 여기까지였다. 아쉬운 만큼 답답했다. 당시에 수사가 제대로 이루어지지 않아 생겨난 억울함을, 피해자 혼자 해결하게 내버려 두는 게 온당한 처사일까?

증거물은 남아 있지 않다. 과학 수사 기법은 그사이 발전했지만 K에게 적용할 수 있는 방법은 전무했다. 그는 자신의 억울함을 증명할 수단을 모두 박탈당했다. 방송이라도 가능했던 건 그가 교도소에서 재판에 관한 모든 자료들에 대해 끊임없이 공개 요구를 했기 때문이었다. 그마저도 몇몇 자료들은 기한 만료를 이유로 파기되어 끝내 구하지 못했다. 그는 지금도 '유죄'다. 법과 수사 체계의 안정성은 중요하지만, 어디까지 안정적이어야 하는지 묻고 싶었다.

종종 재심에 성공한 사례들이 조명을 받는다. 괄목할 만한 성과지만, 자칫 사람들이 재심이 쉽게 이루어질 수 있다는 착각을 하게 만들진 않을까 걱정한다. 기적적으로 진범이 잡히지 않았다면, 새로운 증거가 등장하지 않았다면 그들 역시 재심 각하의 그늘 속에 머물러 있을 것이다. 그 희박한 기회를 박탈당한 사람들은, 자신을 옭아맨 허술한 제도의 질곡을 평생 지고 살아야 한다. 그들이 정말로 그런 대우를 받을 사람들일까.

방송이 끝난 후 나는 존 그리샴의 『고백』•을 펼쳐 들었다. 캔자스 주의 한 목사에게 어떤 손님이 찾아온다. 그는 목사에게 충격적인 이야기를 던진다. 자신이 9년 전 여대생을 살인한 진범이라고. 사형을 선고받고 교도소에서 하루하루 시들어 가는 청년에겐 죄가 없다고 주장한다. 그 청년은 단지 잘못된 사법 체계의 희생자일 뿐이라는 고백이다. 사형이 집행되기까지 남은 시간은 얼마 없다. 청년의 변호사와 목사는 억울한 죽음을 막기 위해 필사적으로 움직인다.

청년은 한때 유망한 흑인 미식축구 선수였지만, 강압적이고

• 존 그리샴, 『고백』, 신윤경 옮김, 문학수첩, 2011.

인종 차별적인 수사에 버티지 못하고 허위로 자백한다. 그는 재판정에서 자신의 무죄를 주장했지만 누구도 그의 말에 귀를 기울이지 않았다. 배심원들은 인종적 편견에 사로잡혔고, 판사는 정치적인 이유로 범인이 필요했다. 진범을 잡기 요원한 상황에서 사건은 빨리 끝나야 했다. 그것이 그가 유죄가 된 이유였다.

    소설 속 주인공은 끝내 청년의 무죄를 증명해 내는 데 성공한다. 진범이 등장했기 때문이다. 그 희박한 가능성이, 현실에서도 이루어질 수 있을까. 세상은 그렇게 해피엔딩으로 잘 끝나지 않는다는 사실을 알면서도, 헛되이 소망한다.

10. 얼렁뚱땅 역지사지

내가 이해하든 못하든 상관없이, 타인의 세계는 엄연히 존재한다. 탓해야 할 것은 타인이 지닌 낯선 특징이 아니라 그 세계를 인정하지 못하는 나의 편협함이어야 한다.◆

하고 싶은 말이 많아 PD가 되었다. 하지만 좋은 프로그램은 '잘 들어야' 만들어졌다. 언제나 관찰자의 입장에 있는 PD는 아는 것보다 모르는 게 많다. PD들도 편견이 심하고, 때로는 그 편견 때문에 제대로 취재원을 보지 못한다. 인터뷰를 하러 가기 전 수없이 질문들을 다듬어 보지만, 정작 현장에서 흘러가는 대로 나오는 말들이 더 속 깊을 때가 많았다. 가끔 나의 편견을 깨트리는 말들에 부끄러워져서 들고 있던 질문지를 내던지고 그저 오래 듣고 온 적도

◆ 김현우, 『타인을 듣는 시간』, 반비, 2021, 38쪽.

있다. 그게 훨씬 더 울림이 있다는 걸 나중에야 알았다.

교양 프로그램의 존재 이유는 스스로 말할 힘이 부족한 사람들을 위해 시간을 비워 두는 것이라고 생각했다. PD는 자신의 이야기가 아니라, 누군가의 이야기를 위한 자리를 비워 두는 자다. 자기의 자의식을 지우고, 방향을 지우라는 게 아니다. 들리는 대로 담지 않으려 애쓰는 태도가 필요하다. 목소리가 크고 힘이 센 사람의 목소리는 더 잘 들리고, 더 잘 실린다. 애써 고르지 않으면 우리는 언제나 주류의 목소리만을 담게 될 뿐이다. 남의 말을 경청하기 위해 엉덩이를 자주 떼고 바삐 움직여야 한다.

언젠가 내 이름을 걸고 프로그램을 만든다면, 각자가 각자의 자리에서 벗어나는 프로그램을 만들어 보고 싶었다. 내가 몰라도 그들이 있고, 그들도 목소리를 가지고 있다는 당연한 사실을 상기시키는 프로그램을. 만드는 사람도 보는 사람도 방송 이후엔 달라져 있을 그런 프로그램을. 한 발짝 정도만이라도 자리에서 벗어나 본다면, 보이는 풍경도 달라지지 않을까. 내가 몰랐던 세계, 내가 몰랐어도 언제나 존재하고 있었던 그 세계의 단면이라도 마주한다면, 우리는 조금씩 달라지지 않을까. 그게 TV라는 매체에 있는 아주 약간의 희망이지 않을까.

새로운 프로그램을 만들 기회는 예고 없이 찾아왔다. 어느 봄날, CP는 갑자기 나와 동기를 사무실로 불렀다. 프로그램을 하나 만들어 보라고 했다. 새 프로그램을 만들고 나서 가야 할 팀은 정해져 있었다. 모두가 '군대'라고 부르는 시사 프로그램이었다.[*] 가야 할 날도 정해져 있었다. 길게 잡아 넉 달 정도의 시간이었다. 여유롭진 않았다. 당장 기획안이 있는 것도 아니었기 때문이다. 그나마 다행인 건, 우리에게 내어 준 자리가 평소 다큐멘터리가 편성되는 시간대였단 거다. 일요일 저녁은 편성표상 '기대'가 적은 곳이었다. 실험적인 다큐멘터리를 한다고 시청자가 받아들일 수 있는 시간대였다. 새 프로그램을 한다는 부담감을, 조금은 덜 수 있었다.

남들과 똑같은 다큐멘터리를 만들고 싶진 않았다. (보통 이런 야망을 가지고 있으면 대개 잘 만들진 못한다는데) '이게 다큐멘터리인가?' 싶은 프로그램을 만들고 싶었다. 형식이든 주제든 실험할 기회가 몇 번이나 더 있겠나. 물론 시간과 예산이 충분한 건 아니었다. 하지만 다행히 연출이 둘이었다. PD 월급은 제작비에 안 들어갔으니, 회사 입장에서는 사람 한 명의 인건비는 보전할 수 있겠지.

마음은 급했다. 평소에 철저히 준비하고 살았다면, 이럴 때 기획안을 '짜잔' 하고 내놓았을 텐데. 이렇게 기회가 올 거라 생각 못 하고 당장의 일에 급급했던 죗값을 치러야 했다. 갑자기 생각한다

[*] 누구나 한 번은 다녀와야 하고(예외는 있다), 가서는 몸과 마음 모두 고생한다는 의미에서.

고 뭐가 나오는 건 아니니, 입만 바짝 말라 갔다. PD가 방송사에서 일하는 동안 새로운 프로그램을 할 기회가 몇 번이나 올까? 이러다 그 소중한 기회를 허공으로 날려 버리는 건 아닐까? 가끔 기획이 지지부진해서 소리도 없이 기회를 빼앗긴 선배들이 떠올랐다.

밤은 깊어 가는데 기상 시간은 정해져 있다

마음이 급해지니 기획안도 덩달아 가벼워졌다. 기획안의 약점이 안 보일 리가 없었다. CP는 우리의 기획안의 약점을 집요하게 파고들었다. 쓰고 까이고, 쓰고 까였다. 예정된 방송일이 점점 가까워질수록 우리는 서서히 미쳐 가기 시작했다. 밤마다 머리를 쥐어뜯고 집으로 돌아오는 날에 밴드 '청년실업'의 노래를 흥얼거렸다. "새벽이 밝아 오는데 기상 시간은 정해져 있다, 내일로 가는 마지막 기차를 놓칠 것만 같아요, 조급한 마음에 심장은 두근거리네……" 그렇게 기획안만 다듬다가 한 달이 훌쩍 지났다.

내가 써내는 기획안마다 재미없다고 평가하던 CP와 술을 마셨다. 신촌 어딘가의 오래된 주점이었다. 주량이 약해 혼자 금방 취했다. 몇 잔쯤 마셨는지 모르겠는데, 취하니까 속에 쌓아 둔 말들이 마구 쏟아졌다. "아니 일단 시켜나 보고 좀 될지 안 될지 판단을 해 보면 되는 거 아닙니까? 선배도 예전엔 저랑 같은 심정 아니었어요?" 심약한 사람이라 그간 해 본 적 없는 말을 마구 내뱉었다. 선배는 한숨을 쉬었다. "네가 내 입장이 되면 이해할 수 있을 거야. 그 기획안은 정말 아니야."

그 입장이라는 거, 나도 한번 서 보고 싶었다. 답답하니까. 대체 그 자리에 서면 뭐가 보이기에 그러는 걸까? 어렸을 적에 말을 지지리도 안 듣고 고집을 부리던 나를 보고 어머니는 한숨을 쉬었다. "너도 너랑 똑같은 자식 낳아 봐. 그럼 내 마음 알게 될 거야." 왜 어른들은 하나같이 '나중에 너도 내 입장이 되어 봐라'라는 말을 하는 걸까? 정작 그때가 되면 나는 더 이상 지금의 어린 내가 아니게 되는데. 지금 내 나이에서 어른들의 입장을 이해하는 건 불가능할까? 영원히 평행선을 달리는 이 대화를 끝장낼 방법이 없나? 얼마 전 기획안을 쓰겠다는 핑계로 드러누워 읽던 김영하의 『퀴즈쇼』속 한 대목이 떠올랐다.

> "우리는 단군 이래 가장 많이 공부하고, 제일 똑똑하고, 외국어에도 능통하고, 첨단 전자 제품도 레고 블록 만지듯 다루는 세대야. 안 그래? 거의 모두 대학을 나왔고 토익 점수는 세계

최고 수준이고 자막 없이도 할리우드 액션영화 정도는 볼 수 있고 타이핑도 분당 삼백 타는 우습고 평균 신장도 크지. 악기 하나쯤은 다룰 줄 알고, 맞아, 너도 피아노 치지 않아? 독서량도 우리 윗세대에 비하면 엄청나게 많아. 우리 부모 세대는 그중에서 단 하나만 잘해도, 아니 비슷하게 하기만 해도 평생을 먹고살 수 있었어. 그런데 왜 지금 우리는 다 놀고 있는 거야? 왜 모두 실업자인 거야? 도대체 우리가 뭘 잘못한 거지?"●

세계는 평행선의 대화로 이루어져 있다. 취업 시장을 두고도 그렇다. 나이 든 어른들은 젊은 세대가 편한 것만 찾는다고 하고, 젊은 친구들은 어른들이 시대를 따라잡지 못한다고 한탄한다. "내가 젊었을 땐……"으로 시작하는 훈계와 "꼰대 새X들……"로 맞받아치는 빈정거림 사이엔 접점이 없다. 이 평행선은 인류의 역사와 함께 시작되었다고 봐도 무방할 것 같은데, 방송사에서 방송 하나 한다고 갑자기 서로를 이해할 리 없다. 하지만 그래도 그 평행선을 구부려 서로 맞닿게 해 보려는 노력 정도는 할 수 있지 않은가. 서로 자리를 바꿔 앉아 볼 수 있다면 말이다.

평행선 중에 하나의 각도를 아주 조금만 틀어 버리면, 영원히 만나지 못할 두 선은 언젠가 만난다. 얼마나 오래 걸릴지는 모르지만. 두 선이 마주칠 즘에는 잊힐지 몰라도, 누군가 시간을 거슬러 올라가다가 '아, 여기에서 누가 선을 구부려 놓았었구나' 하고 알아챌 수도 있지 않을까. 그렇게만 된다면, 방송이라는 거 꽤 해 볼 만한 무언가이지 않을까 싶었다. 방송을 만드는 우리가 하고 싶은 말보다, 방송에 나올 사람들의 이야기를 제대로 전달해서 서로의 존재를 향해 고개를 돌리게만 만들 수 있다면…….

면접을 보던 때가 떠올랐다. 면접관과 면접자 사이의 확고한 권력관계가 불편했다. 나는 회사에 대해 아는 게 거의 없는데, 회사는 나에 대해 모든 것을 알고자 했다. 나는 마치 옷을 벗은 채로 벌판 위에 서 있는 기분이었다. 아쉬운 건 나만이 아닌데. 회사도 사람을 필요로 한다면, 회사가 무엇을 줄 수 있는지 알려 줄 수 있는 거 아닌가? "그러므로 존경하는 국민 여러분! 여러분의 나라가 여러분에게 무슨 일을 해 줄 것인지를 묻지 말고, 여러분이 나라를 위해 무슨 일을 할 수 있는지를 물으십시오!"•• 케네디의 연설을 한 번 비틀어 보고 싶었다. "그러므로 존경하는 사장 여러분! 취업 준비생들이 여러분에게 무슨 일을 해 줄 것인지를 묻지 말고, 여러분이 그들에게 무슨 복지를 제공할 수 있는지를 물으십시오!"

"선배, 갑자기 생각난 게 있는데요……. 역지사지 면접 어떠십니까?" 면접관과 면접자의 자리를 바꾸는 실험을 해 보면 어떻겠냐고

- 김영하, 『퀴즈쇼』(개정판), 복복서가, 2022, 230~231쪽.
- •• 존 F. 케네디가 1961년 1월 20일, 미국 대통령에 취임하면서 연설한 내용이다.

했다. 사장과 취업 준비생을 한데 모아 놓고, 갑자기 자리를 바꾼다면 어떤 표정을 지을지 궁금했다. 회사로부터 질문만 받던 취업 준비생들이, 회사가 무엇을 해 줄 수 있는지 물어본다면 어떨까? 지금껏 풍문으로만 듣던 요구 사항들을 직면했을 때, 사장은 어떻게 대답할까? 대답을 고민하면서, 요즘 젊은것들의 마음을 자세히 들여다볼 수 있지 않을까? 예전 선배가 만들었던 '요즘 젊은것들의 사표'처럼, 그냥 봐선 이해할 수 없는 청년들을 이해할 수 있는(아니 뭐 적어도 가늠은 할 수 있는) 기회를 만들 수 있지 않을까? 술자리가 끝난 후, 선배가 우리의 사무실을 찾았다. 시작해 봐!

이것이 '현실'은 아니지만

만들기 전부터 예상하긴 했지만, 섭외부터 난관이었다. 프로그램이 진정성 있으려면 진짜 취업 준비생과 회사 임원이 출연해야 했다. 취업을 위해 수많은 자기소개서를 써 온 사람과, 사람을 구하려 백방으로 뛰어다니는 대표가 한자리에 앉아야 했다. 학생들은 대부분 난색을 표했다. 취업을 준비하는 동아리들을 찾아 취지를 설명했지만, 학생들은 고개를 가로저었다. 출연했다가 뒤따를 불이익을 걱정했다. 방송을 준비하는 만큼 취업 준비에 소홀해질까 걱정하는 사람들도 있었다. 방송 후에 달릴 댓글에 받을 상처도 망설임의 이유였다.

기업도 마찬가지였다. 각종 협회나 기업 협력 센터에 프로그램을 알리고 협조를 요청했지만 결과가 신통치 않았다. 프로그램 취지에는 공감하지만, 출연은 대부분 고사했다. 자칫 회사 이미지가 망가질까 두렵다는 이유였다. 만약 최종 단계에서 취업 준비생들의 선택을 받지 못하면,** 출연하지 않은 것만 못한 결과만 낳는다고 했다. 실무진 단계에선 미팅 분위기가 좋았지만, 정작 윗선의 허가를 받지 못해 무산되는 경우도 있었다.

그렇다고 이들의 '대리인'을 내세워 봐야 진지한 면접이 이루어질 리가 없었다. 우리에겐 강바닥에서 사금을 캐는 사람의 마음가짐이 필요했다. 매일 아주 조금씩 모으다 보면, 어느 순간 방송을 할 수는 있을 정도의 사람들이 모일 것이다. 필요한 건 꾸준한 연락과, 사람들에 대한 진지한 태도. 이 둘로 승부를 보는 수밖에 없었다. 남은 시간 중 한 달 정도는 그렇게 매일 전화를 돌리고, 가뭄에 콩 나듯 찾아오는 사람들을 만나고, 리스트를 정리하며 보냈다.

조금씩 사람들이 모였다. 자기소개서를 400번 넘게 써서, 이제는 자기소개서의 문장들을 다 외울 수도 있다는 취업 준비생, 계

- • '은밀하게 과감하게: 요즘 젊은것들의 사표', 〈SBS 스페셜〉 448회, 2016년 9월 11일 방영.
- •• 프로그램 말미에 취업 준비생들은 그간의 평가를 종합해 자신이 가고 싶은 회사의 대표를 선택하기로 되어 있었다.

약직으로 일하면서 더 나은 조건을 꿈꾸며 이직을 준비하는 취업 반수생, 과감하게 잔도를 불태우고 다시 백수가 된 취업 준비생. 주변에서 한 번쯤 마주했을 다양한 모습의 취업 준비생들이 모였다. 그들은 너무나 궁금해했다. 회사가 나에게서 원하는 건 뭘까. 그들은 너무나 답답해했다. 회사는 왜 우리가 원하는 것을 모를까. 해마다 영업 이익의 20%를 직원들의 성과급으로 지급하지만, 언제나 채용에 목을 매야 하는 회사의 상무, 급격하게 성장해 흑자를 기록했지만 같이 일할 사람이 부족하다는 이사, 대기업 채용 시기를 피해서 공고를 내느라 진땀을 빼는 중소기업 대표도 모였다. 그들도 궁금해했다. 왜 우리 회사엔 사람이 없지? 그들도 답답해했다. 왜 우리 회사의 진가를 모를까?

용기를 낸 사람들을 모았으니, 다음은 우리의 차례였다. 그들이 프로그램 안에서 끝까지 진지할 수 있도록, 장치들을 마련해야 했다. 우리는 오고 가는 대화 속에서 '좋은 일자리'에 대한 고민이 드러나길 바랐다. 취업 준비생의 선택이 무엇을 의미하는지 시청자들도 함께 고민할 수 있기를 바랐다. 비록 우리가 마련한 공간은 가상이고 일회적이지만, 그럼에도 불구하고 이것이 사회의 한 단면을 포착할 수 있기를 바랐다. 이것이 '현실'이라고 말할 마음은 없었다. 단지 이 프로그램으로 현실을 이해할 틈을 조금 벌릴 수 있기를 바랐다.

평소와 다른 자리에 서야 하는 만큼, 서로에게 준비가 필요했다. 이미 면접관과 면접자의 경험을 모두 겪은 대표들과 취업 준비생을 동등하게 대우할 수는 없었다. 대표들이 과거 면접자 시절의 경험을 되새기는 동안, 취업 준비생들에겐 면접관으로서 갖춰야 할 자질들을 알려 줘야 했다. 그런데 어떻게? 당장 제작진들도 죄다 젊었고, 다니는 회사의 면접관이 되어 본 적도 없었다. 기업 평가의 '스페셜리스트'가 필요했다.

기업 평가 서비스를 제공하는 회사라면, 취업 준비생이 바라는 회사와 회사가 바라는 인재에 대한 정보가 있지 않을까? 나도 종종 들여다본 기업 평가 플랫폼들이 있었다. 그곳엔 회사의 근무 환경, 급여, 복지에 대한 평가와 내부자의 솔직한 시선들이 담겨 있었다. 그들의 도움이 있다면, 취업 준비생들에게도 좋은 무기를 쥐여 줄 수 있지 않을까? 우리의 조심스러운 요청에 흔쾌히 대답한 플랫폼이 있었다. 취업 시장 전반에 대한 이해, 그리고 시장 주체들의 수요와 공급에 대한 정보들을 제공해 주기로 했다.

동시에 참여한 기업들에 대한 내부 평가도 미리 진행했다. 자료들을 토대로 회사에 대한 전·현직 노동자들의 만족도를 평가했다. 승진 기회 및 가능성, 급여 및 복지, 업무와 삶의 균형, 사내 문화,

경영진이 그 기준이었다. 여기에 노동자들은 얼마나 이 회사를 추천하는지, 성장 가능성은 얼마나 된다고 평가하는지도 확인했다. 하나의 기준으로 회사를 평가하지 않도록 고심했다. 장점과 단점을 추려 질문지를 만들어 취업 준비생들에게 건넸다. 그들은 자신들이 생각한 정답을 써 우리에게 되돌려 줬다. 면접자들에게 일일이 '무기'를 쥐여 주고 나니 녹화가 코앞이었다.

    퇴사자들의 편지도 받았다. 각 회사를 다니다가 저마다의 이유로 떠난 사람들에게, 회사에 남기고 싶은 말이 없는지 물었다. "퇴직한 직원들도 다시 찾고 싶은 회사가 된다면, 이 산업에서 이미 성공한 회사가 되어 있지 않을까요?" 진심이 어려 있지만 날이 서 있는 말들이 되돌아왔다. 우리는 면접이 끝나 갈 무렵, 그 편지들을 대표들에게 전달해 주기로 했다. 퇴사자들을 회사 밖으로 밀어낸 이유가 무엇이었는지 한 번쯤 들여다볼 기회가 그들에게도 있었으면 했다. 어쩌면 그 편지가 그들의 마음에 큰 영향을 미칠 수도 있지 않을까. 그 외에도 방송에는 결국 나가지 못했지만 여러 장치들을 준비했다. 상황 판단 문제처럼, 서로의 입장 차이를 극명하게 볼 수 있는 장치들이 있었다. 분량이 길어져 결국 잘려 나갔지만.

    구직자들은 저마다 사연은 달랐지만, 최선을 다하는 삶을 살고 있다는 것만큼은 같았다. 하지만 회사가 정확히 무엇을 원하는

지 제대로 알지 못해 점차 의욕을 잃어 가고 있었다. 마치 카프카의 소설 「법 앞에서」에서, 문지기에 막혀 시간을 허비하는 한 시골 사람과 같은 처지였다.

> 법(法) 앞에 문지기가 서 있다. 이 문지기에게 시골 사람 한 명이 찾아와서, 법 안으로 들어가게 해 달라고 간청한다. 그러나 문지기는 지금은 들어가는 것을 허락할 수 없다고 대답한다. 그 남자는 깊이 생각해 보고는 이윽고 이후에는 들어가는 것을 허락할 수 있겠느냐고 묻는다. "그것은 가능합니다"라고 문지기는 대답한다. "그러나 지금은 안 됩니다."●

능력이 부족하거나, 눈이 높아서 생기는 문제일까? 사전 인터뷰에서 학생 참가자들에게 물었다. 회사에 바라는 게 무엇이냐고. 그들의 요구는 비교적 간단했다. 생계를 유지할 수 있으면 좋겠다, 비전이 있었으면 좋겠다, 회사에 애착을 느끼고 싶다…… . 회사 사정은 모른 채 '이기적으로' 회사에 일방적인 요구만 하고 싶지 않다고 했다. 함께 성장할 수 있는 희망만 있다면 많은 것을 감당하겠다고 했다. 묻다 보니 궁금해졌다. 매체에서 극단적인 사례들만 다루고 있었던 건 아닐까? 그래야 뉴스거리가 되니까?

● 프란츠 카프카, 「법 앞에서」, 『변신·유형지에서(외)』(2판), 박환덕 옮김, 범우사, 2001, 175쪽.

만나 본 회사 대표들도 비슷했다. 일부를 제외하면 충분히 젊은 세대의 의견을 들으려는 준비가 되어 있었다. 부족하지만, 노동 환경을 개선해 보려는 시도들도 하고 있었다. 인재를 끌어모으려면 어떤 태도를 취해야 하는지 알려고 애쓰고 있었다. 어쩌면 그들이 직접 젊은 세대와 만날 수 있는 접점이 없어서, 큰 오해가 일어나고 있는 건 아닐까? 극단적인 사례들로 인해 생겨난 편견만 심해지는 건 아닐까?

물론 우리가 만났던 회사들이 대부분 수도권에 몰려 있었고, 제조업보다 서비스업, 생산직보다는 사무직, 중소기업보다는 스타트업이나 중견기업에 치우쳐 있었기 때문에 드러나는 편향이 있었다. 이것은 이 프로그램의 명백한 한계다. 어쩌면 우리도 각각의 일부만을 보고 '여전히 소통하고 싶어 하는 서로가 있다'는 편견을 강화시켰는지도 모른다. 혹은 '소통하고 싶어 한다'는 우리의 믿음을 어떻게든 프로그램으로 표현하고 싶었던 건지도 모르고. 그래서 그 소통의 다리를 놓는 것이 우리 프로그램의 명분이라는 믿음을 유지하고 싶었기 때문에, 이 프로그램에 열정적으로 달려들었을 수도 있다. 그땐 그 부분까지 생각하진 못했지만.

몇 겹의 '당의정'들

시작은 비록 다큐멘터리였지만, 어느 순간부터 이것은 리얼리티 프로그램과 사회 실험 다큐멘터리 사이의 무언가가 되었다. 중요한 건 형식보다 이 프로그램을 통해서 드러날 어떤 진실의 순간이지 않겠느냐는 모종의 합의가 팀 내부에 생겨났다. 면접은 어떻게 진행되더라도 가상일 수밖에 없다. 하지만 그 과정에서 젊은 세대와 기성세대 사이의 일자리에 대한 관점이 얼마나 다른지 드러난다면, 새로운 사회적 대화를 시작해 볼 수 있지 않나? 우리가 너무 '진짜'인 척을 하려 하지 않는다면 말이다.

아무리 좋은 프로그램이라도 사람들이 봐야 의미가 있다는 게 이 회사의 사풍. 우리에게 필요한 건 이제 '당의정'이었다. 그러니까 불쾌한 맛이나 냄새를 지우고 약물의 변질을 막기 위해 표면에 단맛이 나는 코팅을 한 정제. 프로그램은 묵직한 주제를 다루더라도, 그 표현 방법은 한결 가벼워야 한다는 선배들의 말을 따르기로 했다. 프로그램을 사람들이 거들떠보게 만들기 위해 우리는 몇 겹의 단맛을 씌워야 할지 고민했다.

하나는 진행자. 프로그램 전체의 톤을 결정하는 인물이 필요했다. 너무 무겁지도, 그렇다고 너무 가볍지도 않은 사람이 필요했다. 진지한 연기와 코믹 연기 모두 되는 배우가 있다면 좋겠다고 생각했다. 마침 몇 달 전 보았던 영화 〈내부자들〉(2015)에서 인상적인 연기를 보여 준 배우가 있었다. 조우진 배우였다. 그는 적은 출연료에도 프로그램의 방향이 괜찮다며 흔쾌히 출연하겠다고 했다. (한동안 좋아서 날뛰었다.) 그 덕분에 초반부에 코믹한 연기를 곁들인 시퀀스(소위 '뚜껑*')를 만들 수 있었다.

두 번째는 음악이었다. 모든 상황이 조금 의도된 풍자처럼 보였으면 했다. 웃기면서도 처연하고, 서글프면서도 발랄한 그런…… 음악. "감독님, 제가 아주 적절한 음악이 있어서 하나 보내 드리는데 참조해 주시면 좋겠습니다." 음악 감독에게 러시아 음악을 보냈다. 〈검은 눈동자〉와 〈칼린카〉를 받아 든 감독은 바로 다시 전화를 했다. "이게 정말 레퍼런스가 맞는 거죠?" 러시아 음악의 리듬과 박력만큼 제 의도에 맞는 게 있겠습니까? 감독은 몇 주 고민하더니 기묘한 음악 하나를 보내왔다. "저도 이런 건 처음인데 마음에 드실까 모르겠네요……" 보내 준 음악을 받아들고 배꼽을 잡고 웃었다. 찰떡같이 '코믹-처연-서글픔-발랄'이라는 의도를 알아들었던 거다.**

우리는 가벼워도 참여자는 진지하다

우리의 가벼움을 눌러 준 건 참여자들의 진지함이었다. 갑작스럽게 책상을 빼앗기고 면접자가 되어 버린 사장들도, 그간 철저하게 면접관 교육을 받아 온 취업 준비생들도 금세 프로그램에 몰입했다. 처음엔 질문도 삐걱거리고, '이게 지금 뭐 하는 건가?' 하는 표정도 지었다. 하지만 시간이 지날수록 각자 마음속에 준비해 왔던 진심을 털어놓기 시작했다.

시작은 역시나 평행선이었다. 회사 측 출연자들은 취업 준비생들에게 필요한 것이 '헝그리 정신'과 '열정'이라 했다. 요즘 '젊은 것'들은 겁이 많고, 도전 정신이 부족하다고도 했다. 취업 준비생들의 시선은 싸늘했다. 청년 세대가 처한 위기감을 이해하지 못하는 것 같다고 했다. 면접관 교육 과정에서 기업 평가 플랫폼 이사가 했던 말이 떠올랐다. "여러분의 기업에 대한 총 만족도에 가장 많은 영향을 주는 건 사실은 경영진에 대한 만족도입니다." 아무래도 이 대화는 다시 또 실패하는 건 아닐까. 면접만큼 자신을 기울여 상대방에게 닿게 하려는 상황도 없는데. 이 상황도 결국 '가상'이기에 언제든 벗어날 수 있다는 게 이번 기획의 한계인 건 아닐까.

하지만 면접이 진행될수록 조금씩 달라지는 부분이 보였다.

- • 프로그램 초반에 시청자의 흥미와 관심을 유발하도록 구성한 짧은 시퀀스를 가리키는 방송계 은어.
- •• 이 음악 감독은 다른 회사에서 무게감 있는 다큐멘터리들의 음악을 담당해 왔다. KBS의 〈일본사람 오자와〉(2023) 같은. 그런 감독에게 나는 무슨 생각으로……. 어쨌든, 그 음악은 요즘도 꽤 여러 프로그램에 쓰이고 있다. 심지어 다른 방송사에서도 간간이!

적나라한 말을 서로 얼굴을 맞대고 주고받곤 있지만, 한편으로는 서로를 사람으로서 대하는 시간도 늘어났다. 서로가 서로에 대해 얼마나 몰랐는지가 대화 과정에서 드러났다. '꼰대'나 '요즘 젊은것들'이라는 정체성으로 환원되지 않는 부분들이 보일 때마다, 서로의 거리는 조금씩 가까워졌다. 여전히 살얼음판을 걷는 듯 대화는 아슬아슬했지만. 뚝심 있게 한 방향으로 달리는 사람에 대한 묘한 관심인 걸까?

면접이 끝나 갈 때쯤, 서로는 많은 게 바뀌어 있었다. 취업 준비생들이 처음에 중요하게 생각했던 가치들이 면접 후엔 후순위로 바뀌는 경우도 있었다. 자신은 복지라고 생각하던 제도가 사실은 직원들이 꺼리는 제도였다는 사실을 뒤늦게 깨달은 회사 측 출연자도 있었다. 각자 소신을 굽히진 않았다. 하지만 서로의 거리는 한 발짝 가까워진 것처럼 보였다. 선택을 받지 못한 한 구인 측 출연자는 그간 얼마나 직원들의 마음을 몰랐는지 안타깝다며 눈물을 보였다. 끝내 선택을 하지 않은 구직 측 출연자는 성에 차는 곳은 없었어도 회사 대표들의 진심을 이해할 수 있었다고 했다.

삐쳐서 말없이 있는 것보단, 화끈하게 한번 싸우는 게 진심을 서로 알아보는 계기가 되진 않나? 서로에 대한 선 넘는 비난이나 조롱만 아니라면, 싸움은 냉소보다 더 의미 있는 대화의 방법일 수도 있다. (부부 사이에서도 마찬가지다……) 이 프로그램이 서로가 원하는 바를 좀 솔직하게 드러내서, 그간 쌓여 있던 불편한 감정들을 해소하는 자리가 되어 봤으면 했다. '계급장 떼고' 만날 수 있는 기회가 몇이나 되겠나.

안다. 이것은 판타지다. '격의 없는 자리'라는 건 현실에 없다. 그런 자리 만들어 보라고 지시하는 사람이 갑자기 평사원이 되어서 대화를 나눌 것도 아니지 않나. 내 인사에 영향을 미칠 수 있는 사람들을 향해, 불만을 속 시원하게 터놓을 수 있는 사람은 드물다. 부서장들은 골머리를 앓으며 서로의 간극을 좁히기 위한 회의를 열지만, 중요한 건 회의의 횟수나 규모가 아니라 솔직함의 정도다. 솔직하지 못한 회의는 결국 요식 행위나, 부서장의 자기 위로가 될 뿐이다. 이 판타지가 그간 묵혀 둔 감정과 말을 털어놓을 기회가 된다면 좋겠다고 생각했다. 우리는 여전히 서로를 잘 모른다. 그러나 서로의 존재와 욕구를 아는 것으로부터, 달라져 볼 수는 있다.●

● 방송에 출연한 취업 준비생들 대부분은 각자 자기만의 길을 찾았다. 출연한 회사들은 성장 가도를 달렸다. 이래서야 취직 못한다, 이래서야 성장 못한다던 말들에 카운터펀치를 날린 셈이다.

11. 시사의 시간

편집기 앞에 앉았을 때, 경악했다. 평범한 체크무늬 셔츠라고 생각했는데……. 출장 일정이 급하게 잡혀, 아무 옷이나 캐리어에 쑤셔 넣은 게 화근이었다. 조연출이 들고 있던 카메라 앵글에 내가 잡혔을 때, 나는 눈을 의심했다. 커다란 미키 마우스가 나를 보며 웃고 있었다. 아니, 어떻게 이걸 모를 수 있지? 비극적인 사건을 취재하겠다는 PD가 미키 마우스가 그려진 옷을 입고 있을 때, 취재에 응하면서 사람들은 대체 무슨 생각을 했을까? 부끄러웠다. 대체 나는 무슨 정신이었던 걸까. 슬며시 조연출에게 물었다. "혹시, 안 보였던 거니?" "선배, 저도 정말 정신이 없었나 봐요." PD 등짝에 카메라를 고정하고 따라가는 숏들을 찍으면서도 미처 그곳에 곤란한 그림이 있었다는 사실조차 모를 만큼, 우리는 허둥댔다.

'군대'라고 불리는 시사 프로그램에 와서 처음 맡은 사건이었다. 팀에 오자마자 선배들은 피가 되고 살이 되는 조언들을 해 줬다. 처음엔 가능하면 범죄 사건을 다룰 것. 범죄 사건에는 가해자와 피해자라는 이분법적 구도가 있고, 기승전결의 이야기가 있기 때문이다. 주인공과 악당이 있으니 감정을 이입하거나 비난할 대상이 명확하고, 만나야 할 사람들이 비교적 확실하기 때문에 촬영도 그나마 용이했다. 유명한 프로그램에서 해 보고 싶은 게 많겠지만, 기초를 다진다는 의미에서 범죄 사건을 다루어 보면 어떻겠냐고 했다. 그리고 청개구리인 나는 그 조언을 상큼하게 '씹었다.'

해외 촬영은 제한 조건이 많다. 일단 취재 일정이 훨씬 빡빡하다. 나라가 미국이나 중국처럼 넓으면 이동하는 데 시간과 돈이 꽤 든다. 그게 아니어도 언어의 장벽이 있다. 아무리 훌륭한 통역가나 코디네이터가 있어도 미묘한 뉘앙스까지 포착하는 데 한계가 있다. 이동이 자유롭지도 않다. 국가적으로 민감한 사안이면 행정 당국이 촬영에 깊숙이 개입하기도 한다. 그리고 때로는 음식과 물이 사람을 괴롭히기도 한다. 해외 촬영만 나갔다 하면 물갈이에 시달렸다. 그렇게 고생하며 촬영을 해도, 정작 방송의 반응이 시큰둥한 경우도 많다. 해외 사건들에 그나마 관심을 보이는 건, 그 사건에 '한국'이 긍정적으로 관련이 있을 때다. 그런데 이 프로그램에서 다루는 사건 가운데 그런 종류가 있을 가능성은…… 거의 없다.

첫 방송이니 고집을 부릴 수 있겠다 싶어 살인이나 방화 범죄 같은 강력 사건은 거들떠보지도 않는 사이, 시간이 빠르게 흘렀다. 여유 있던 제작 기간은 어느새 촌각을 다투는 수준으로 줄어들어 있었다. 지금 사건을 결정해도 촬영할 수 있는 날이 며칠밖에 되질 않았다. 이제 고집을 꺾고, 강력 사건을 받아들여야 하나 고민하던 때였다. 구독하던 주간지에 실린 기사 한 편을 보았다. 라오스에서 벌어진 사건이었다. 책임감 넘치는 기자가 현장에 직접 다녀와 쓴 르포였다.

티베트에서 시작해 인도차이나반도를 가로지르는 메콩강은 동남아시아 국가의 주요한 수원이었다. 4,000㎞가 넘는 길이의 강엔 수많은 댐들이 설치되어 있다. 그중 라오스 남부 고원에 지어진 댐 하나가 무너졌다. 댐이 막고 있던 물이 순식간에 쏟아지면서, 강 하류에 살던 사람들이 피해를 입었다. 어두운 새벽에 사고가 일어났고, 사람들은 대처할 새도 없이 쓸려 나갔다. 물이 휩쓸고 간 자리엔 아무것도 남지 않았다. 집이 있었던 자리엔 터만 남아 있었다. 문제는, 그 댐을 건설한 회사가 한국 회사였다는 거다.

농사를 주업으로 삼고 살아온 지역 주민들에게, 범람은 흔히 있는 일이었다. 게다가 우기였다. 언제 비가 많이 와도 이상하지 않았다. 그날도 일상적인 범람인 줄만 알았다. 만약 보통의 홍수가 아니라, 댐이 무너져 생긴 사고라는 사실을 알았다면 몸이라도 피할 수 있지 않았을까? 사고 후 생존자들은 홍수 경보만 들었을 뿐이라고 했다. 심지어 해발 1,100m 볼라벤 고원에 댐이 있다는 사실조차 몰랐다고 했다. 하지만 건설 관계자들은 충분히 사전에 경보를 전달했다고 했다. 서로의 말은 엇갈렸다. 사고의 원인을 두고서도 두 의견이 충돌했다. 건설 관계자들은 자연재해를 주장했고, 일부 주민들과 익명의 제보자들은 인재라고 맞받아쳤다.

무너진 댐을 건설한 건 한국의 건설사였고, 댐 공사를 수주한 회사는 한국의 건설사와 발전사, 태국과 라오스의 발전사가 합작한 회사였다. 한국 기업의 지분은 51%, 투자금만 1조 원 이상, 공사 대금도 8천억 원에 육박하는 대형 사업이었다. 여기에 한국수출입은행은 대외경제협력기금 약 7,000만 달러를 라오스 정부에 공여했다. 공적 개발 원조 사업 현장에서 벌어진 대규모 인명 피해 사고라면, 진상 규명이 제대로 이루어지고 있는지 따져 보아야 한다고 생각했다. 원조를 받던 나라에서 원조를 주는 나라가 되었다는 자랑스러움도 중요하지만, 세계 시민의 의무를 따져 물어야 할 필요도 있다고 생각했다. 가겠다고 했다. 더 늦기 전에, 사람들의 관심이 사라지기 전에 질문을 던져야 한다고 주장했다. (깜냥은 나중 문제였다.) 마지못해 선배와 작가는 고개를 끄덕였다. 고생길이 보였기 때문일 거다.

스(스로) 불(러온) 재(앙)

촬영은 예상대로 만만치 않았다. 촬영 전부터 힘난했다. 당장 현지 촬영에 동반할 코디네이터가 필요했다. 현지 취재를 다녀온 기자에게 연락해 보았다. 자신이 다녀간 후로 라오스 정부에서도 현장 통제가 심해져 촬영을 장담할 수는 없다고 했다. 그래도 가겠다면 당시 동행했던 현지 코디네이터를 알려 주겠다고 했다. 하지만 그 코디네이터와는 일정이 도저히 맞지 않았다. 수소문 끝에 현지에 있는 한국인을 소개받았다. 현지에서 하는 일이 있어 운신의 폭이 자유롭진 않았다. 하지만 대신 현지에 파견 나온 한국인들이 머무는 곳과 가까운 곳이 근거지였다. 그들이 동네 어디에 출몰하는지도 안다고 했다. 현지 사업으로 라오스 사람들과도 안면이 있다는 말에, 우리는 일단 그를 믿기로 했다. (지금 생각하면 이 부분들을 가장 걱정했어야 했는데⋯⋯.)

피해를 입은 곳은 라오스 남동부의 참파사크 주와 아타프 주였다. 서울에서 라오스의 수도 비엔티안까지는 비행기로 6시간 정도 걸린다. 그곳에서 다시 비행기를 타고 1시간 정도 이동하면 참파사크 주의 주도 팍세에 도착한다. 다시 그곳에서 두 시간 남짓 자동차로 이동하면, 아타프 주의 주도인 아타프였다. 우리는 아타프에 숙소를 잡았다. 쓸려 나간 마을들과 그나마 가장 가까운 모텔이 그곳에 있었기 때문이다. 사고를 겪은 마을과 댐은 숙소에서부터 자동차로 각각 한 시간, 두 시간 거리에 있었다. 비포장도로에, 사고로 군데군데 유실이 되어 가교가 놓인 상태라 이동 시간은 훨씬 더 길었다. 촬영할 수 있는 시간은 하루에 두세 시간 정도가 전부였다.

사람을 만날 수 있다면 다행이었다. 한때 수백 명의 사람들이 모여 일상을 꾸렸을 마을들이 스쳐 지나갔지만, 그곳엔 사람이 사는 흔적조차 없었다. 미처 쓸려 나가지 못한 기단(基壇) 부분만이 이곳에 마을이 있었음을 아프게 증명하고 있었다. 추억과 일상이 깃들어 있었을 만한 물건들은 흔적도 없이 사라져 버렸다. 우리는 중간중간 내려 마을에 남은 상처들을 확인했다. 위험하게 버티고 서 있는 벽을 보니, 사람의 신장보다도 높은 곳에 흙탕물 자국이 남아 있었다.

몇몇 마을을 지나고 나서야 우리는 한 이재민 가족을 만날 수 있었다. 그들은 망가진 트럭이 만들어 낸 그늘 아래에서 우리를 맞앉다. 이곳엔 원래 집이 있었다고 했다. 한때 가족의 생계를 책임지던 트럭은 집을 밀어낸 자리에 엿가락처럼 휘어져 있었다. 아버지는 혼자 조금 멀리 떨어진 곳에 앉아 있었다. 진흙이 덕지덕지 붙은 나무 위에 걸터앉아 허공과 가족을 번갈아 바라봤다. 내일을 도모하기에 너무 큰 고통이 휩쓸고 지나갔다. 살아남은 사람들도 몸과 마음이 부서진 채 널브러져 있었다. 무심하게 내리쬐는 햇빛에 진흙은 딱딱하게 굳어 가고 있었다.

어떤 마을엔 단 하나의 건물만이 남아 있었다. 작은 사당이었다. 마치 피해를 전혀 입지 않은 것처럼 겉모습이 온전했다. 가까이 다가가니 미처 쓸려 내려가지 못한 벽체만 서로 위태롭게 기대어 버티고 있었다. 금세 무너질지도 모르는데, 나는 홀린 듯 그 안으로 걸어 들어갔다. 그늘에 갇힌 진흙에 발이 푹푹 빠졌다. 물이 채 지우지 못한 부처의 희미한 미소가 멀리 보였다. 쓸려 간 사람들을, 그도 보았는가. 그는 그때에도 웃었는가. 아무것도 남지 않은 곳에서 무엇이라도 챙기려는 사람들의 발소리가 들렸다. 잔해를 뒤지던 사람들은 사당을 들여다보았다. 그러고는 다시 잔해를 뒤졌다.

현지 이재민: 물과 함께 많은 물건들이 몰려와서 나가기가 힘들었어요. 많은 사람이 떠내려가고 있었고 10명이 함께

배를 탔는데 그중에 제 가족 2명을 포함해 5명이 죽었어요. 저 아줌마는 아이 둘을 잃었어요. 저 사람도 아내와 조카를 잃었어요.

사람들에게 어디서 왔느냐고 물었더니, 학교 운동장에 세워진 이재민 보호소에 있다고 했다. 혹시 남은 가재도구가 뭐라도 있을까 싶어 돌아왔다고 했다. 재산 피해를 조사하고 있다고 했지만 그다지 믿는 눈치는 아니었다. 아무것도 남지 않았다는 사실을 깨달은 그들의 눈에 일순간 분노가 일었다. 모든 것을 빼앗아 간 재난의 원인이 무엇인지 알고 싶어 했다. 피할 수 없었던 신의 징벌인지, 아니면 여러 사람들의 안일함이 겹쳐 만들어진 재난인지. 더 많은 이야기를 듣고 싶었다. 사람들이 모여 있는 곳으로 가기로 했다. 곧바로 이재민 보호소로 향했다.

이재민 보호소에서 촬영을 위한 공식 절차를 밟기로 했다. 취재가 된다는 말과 안 된다는 말을 동시에 들었던 상태라 확신할 수는 없었다. 실수였다. 취재진을 확인한 행정 당국은 우리를 붙잡아 두고 시간을 끌었다. 담당자는 느긋하게 기다리라고 했다. 순진하게 한 시간쯤 기다리다가, 우리에게 촬영 허가를 내주지 않을 거라 직감했다. 하지만 이미 신분증도 보여 준 상태라, 허가를 못 받고 촬영하면 추방도 각오해야 했다. 완전히 파괴된 마을에도 가끔씩 군인들이 순찰을 돌았다. 카메라를 들고 미키 마우스 옷을 입고 다니는 사람이 시선을 끌지 않는 건 불가능했다. 완전한 패착이었다.

여기까지 왔는데, 그냥 갈 수는 없었다. 라오스에 다시 들어오지 못할 수도 있다는 생각으로 촬영을 강행하기로 했다. 하지만 그렇다고 방송용 카메라를 들 수는 없었다. 너무 커서 눈에 띄었다. 고민 끝에 스마트폰으로 촬영하기로 했다. 스마트폰은 다들 한 대씩 있으니 부족하진 않았다. 화질이나 음향까지 신경 쓰는 건 사치였다. 아이폰과 갤럭시가 서로 파일 코덱, 비트레이트, 초당 프레임이 미묘하게 달라 편집할 때 싱크가 안 맞을 수는 있겠다 싶었지만…… 어떻게든 한국에 영상만 들고 가자는 마음이었다. 돌아가면 해결할 방법이 있겠지. 매일 오늘이 마지막이라는 마음으로 스마트폰을 들었다.

우리의 말은 자주 엇나갔다. 중요한 대화라고 생각했는데, 한국에 돌아와 제대로 번역을 맡겨 보니 서로 엉뚱한 질문과 대답을 주고받은 경우도 있었다. 질문의 뉘앙스가 제대로 살지 않아서 속 깊은 이야기까진 들을 수 없는 경우도 많았다. 한국에 돌아와 번역된 문장들을 전부 다시 살펴보니 남는 말들이 그렇게 많진 않았다. 하지만 분명한 건 그들은 자신들의 말을 들어 줄 사람을 찾고 있었다는 사실이었다. 그들은 서투른 질문에도 진지하게 대답했다. 자기들에게 닥친 거대한 재난이 정말 피할 수 없는 일이었는지, 이 고통은 누구의 책임인지를 물었다. 눈앞에서 가족이 물에 휩쓸려 가는 모습을 보고도 무력하게 나무에 매달려 있어야 했던 이유를 설명해 달라고 했다.

프로그램이 라오스 정부와 한국 건설사에 대한 비판적인 방향으로 흐르는 것이 부담스러웠는지, 우리를 도와주던 한국인은 촬영 중간 갑자기 출장을 이유로 비엔티안으로 떠났다. 현지 사업을 하고 있었기 때문에, 잘못 엮였다간 문제가 생길 수도 있었다. 상황이 이해는 되었지만 난감한 건 우리도 마찬가지였다. 아직 촬영해야 할 현장도 남아 있고, 만나야 할 사람도 많은데, 우리는 라오스어를 제대로 할 줄 모르는 상태였다. 국제 미아가 될지도 모른다며 고민하고 있을 때, 우리와 동행하던 현지 직원이 코디네이터 역할을 대신하겠다고 했다. 둘 다 어설픈 영어로 소통할 수밖에 없었지만, 그게 어딘가.

한 줄기 빛이 비친 후엔 여지없이 어둠이었다. 취재는 좌절의 연속이었다. 댐으로 향하는 모든 길목은 군인들이 쳐 놓은 차단기로 막혀 있었다. 현지에 파견된 건설 관계자는 우리와 몇 번 만난 후엔 소리 없이 사라졌다. 취재 과정에서 만난 한 라오스 기자는 자신들도 취재하기 어렵다며 내게 하소연했다. 그는 메콩강 개발 사업 이권에 정부 고위 인사들이 개입해 있기 때문에 이 사건에 대한 진상 조사가 이루어지기 어려울 것이라는 이야기를 했다. 실제로 라오스 정부의 공식 발표는 믿기 어려웠다. 우리가 만난 이재민들은 한 마을에서만 서른 명 넘는 사망자가 나왔다고 했지만, 공식 발표상 사망자는 스무 명 남짓이었다. 그 수치도 며칠간 줄었다 늘었다 고무줄처럼 변했다. 실종된 줄 알았다가 발견된 경우는 있겠지만, 죽은 사람이 살아 돌아오는 건 아닐 텐데도 말이다.

하지만 그가 전해 준 정보를 다시 취재할 여력은 없었다. 라오스 정부 입장에서는 언어조차 제대로 통하지 않는 외신 기자는 문전박대하면 그만이었다. 몇 번이나 쫓겨나면서 수박 겉핥기 취재를 하고 있다는 생각에 점차 침울해졌다. 괜한 만용 때문에 제대로 알릴 기회를 살리지도 못하는 건가. 깜냥이 안 되는 내가 설친 탓에 후속 취재만 더 어려워지는 건 아닌가. 우울한 표정의 내게 그는 말했다. 이곳에서 벌어지는 일들을 한국에 꼭 전달해 달라고. 뭐가 되었든, 당신이 본 것들을 전달해 달라고. 그것만이라도 부탁한다고 신신당부했다.

믿을 수 있는 건 없다

사고의 원인은 무엇이었을까. 건설사의 발표대로 자연 재난일 수도 있었다. 예상치를 훌쩍 넘긴 폭우가 내렸을 가능성도 있었다. 붕괴가 아니라 범람, 댐의 문제가 아니라 폭우로 물이 댐을 넘치는 바람에 생긴 문제라는 게 건설사의 주장이었다. 예상보다 너무 빠르게 물이 불어나는 바람에 경보가 제때 전달되지 못했을 수도 있었다. 사고가 발생하기 전 경보를 발령했지만, 통신 상태가 좋지 않은 현지 특성상 전파 속도가 늦었다는 말도 일견 일리가 있었다.

민간단체와 연구자들은 그에 의구심을 표했다. 과거 비슷한 규모의 폭우를 견뎌 낸 사례도 있어 폭우가 원인이라고 단정 지을 수 없다는 전문가들도 있었다. 몇몇 사람들은 댐을 지을 만한 지형이 아니지 않느냐는 의혹을 제기했다. 현무암처럼 물이 잘 새는 토양이라 잘 다진다고 해도 댐이 무너질 가능성이 언제나 있다는 것이다. 사고가 발생하기 며칠 전 댐에서 균열을 발견했다는 증언도 있었다. 반면 건설사는 사고 발생 전 토사가 유실된 흔적이 없다고 했다.

또 누군가는 사업비를 절감하려다 발생한 부실 공사의 가능성을 조심스럽게 제기하기도 했다. 건기와 우기가 나뉜 지역 특성상, 발전 사업 진행에 필요한 담수량을 유지하려면 함부로 방류할 수는 없다. 비가 많이 올 때 물을 받아 둬야, 비가 오지 않을 때에도 조금씩 흘려보내며 전기를 안정적으로 생산할 수 있기 때문이다. 그 때문에 방류 조치가 혹시 늦었던 건 아닐까? 경제적, 사업적 판단이 안전 조치에 앞섰을 가능성도 배제할 수는 없었다.

라오스 정부는 사고 발생 이후 국가조사위원회를 구성하고, 독립전문가위원회에 사고 원인에 대한 조사를 의뢰했다. 하지만 사업 지분이 라오스 정부에게도 일부 있고, 수력 발전 사업을 통해 산업을 확충하려는 이해관계도 맞물려 있었다. 이 상황에서 책임 소재나 사고 원인이 이른 시일 안에 밝혀질 것 같진 않았다. 실제로 정밀 조사는 시간을 끌었다. 독립전문가위원회는 해를 넘긴 후에야 사고에 대한 결론을 내렸다. 댐 일부에 나타난 누수가 원인이며, 기초 지반에 침식이 쉽게 일어나는 토사층이 있었고 여기에 작은 물길이 형성되어 침식이 발생했다고 했다. 건설사는 즉각적으로 반발했다.•

2022년, 참사 4주기를 맞아 유엔 전문가들과 사업 주체들은 보도 자료를 냈다. 여전히 많은 생존자가 기본적인 서비스 접근권조차 보장받지 못하고 있고, 주거 문제도 제대로 해결되지 않은 상태라고 했다.•• 어쩌면 시작부터 예견된 미궁이었는지도 모른다.

- 김재태, 「라오스 댐 붕괴 원인 놓고 "인재였다" vs "인정 못한다"」, 『시사저널』, 2019.05.29. 이후 시공사는 댐 운영 주체인 합작 회사를 상대로 국제 중재를 제기했다. 이번 사고가 부실 공사로 인한 사고가 아니라 재해에 의한 불가항력의 사고이기 때문에 보상 비용을 시공사가 책임지는 건 부당하다는 취지였다.
- •• 황필규, 「피해자의 자리, 라오스 댐 붕괴사건의 경우」, 『한겨레』, 2022.10.06.

결론이 빠르게 나지 않을 것을 알았지만, 방송을 결심했던 건 피해자들의 고통이 현재 진행형이기 때문이었다. 사고 원인에 대한 조사가 길어지고, 대책이 지지부진하고, 책임 공방이 이어지는 사이 이재민의 삶은 계속 고통에 노출된다. 살아야 하지만, 집은 없고 생계는 사라졌고 가족을 잃은 슬픔은 달랠 방법이 없다. 그들의 삶은 제자리로 돌아가야 한다고 생각했다. 그리고 그들의 고통이 우리나라의 원조 사업으로 인해 일어났다면, 책임 있는 자세로 접근해야 한다고 믿었다. 우리의 세금이 누구를 위해 어떻게 쓰이는지, 그것이 수천 명의 목숨을 위협하는 데 쓰였던 건 아닌지 제대로 확인할 필요가 있었다. 비록 제대로, 잘 물었는지 확신하진 못하지만.

　　라오스어와 망가진 영어의 이중 번역에 기대어서라도 그 목소리를 남겨 두고자 했다. 카메라를 들 수 없다면 스마트폰이라도 들어서 증거를 남기려고 했다. 눈앞에서 떠내려가는 가족을 바라보던 이재민의 붉은 눈, 희망을 잃어버린 채 부서진 마을에서 어깨를 들썩거리던 아버지의 한탄, 그리고 개성 없는 대피소 건물들 사이를 뛰어놀던 아이들의 웃음소리를 남기려고 했다. 그곳에 사람들이 있었고, 지금도 사람들이 있다는 사실을 외면할 수 없도록.

12. 방랑 PD

모든 의미에서 어디로 갈지 갈피를 잡지 못한 채로 미드타운의 분주한 행인들 틈에 섞였다. 운 좋게 얻은 전도유망한 직장이 있는 마천루의 사무실로는 더 이상 돌아가고 싶은 마음이 들지 않았다. 세상 속에서 앞으로 나아가기 위해 애를 쓰고, 꾸역꾸역 긁고, 밀치고, 매달려야 하는 종류의 일은 할 수가 없었다. 나는 누군가를 잃었다. 거기서 더 앞으로 움직이고 싶지 않았다. 어떤 의미에서는 전혀 움직이고 싶지가 않았다.•

PD 일을 오래 할수록 일과 삶의 경계는 흐려졌다. 잦은 야근과 출장 때문에 회사 바깥의 사람들과는 점차 소원해졌고, 내 인간관계는 회사 경계 안으로 말려들어 갔다. 회사에 아침부터 저녁까

• 패트릭 브링리, 『나는 메트로폴리탄 미술관의 경비원입니다: 경이로운 세계 속으로 숨어 버린 한 남자의 이야기』, 김희정·조현주 옮김, 웅진지식하우스, 2023, 69쪽.

지 머무르니, 집보다 회사가 익숙해졌다. 며칠 만에 집에 돌아가면, 어둡고 고요한 방만 나를 맞았다. 불도 켜지 않은 채 무엇인가 뒤바뀐 건 아닌지 고민하는 날이 늘었다.

방송사는 일이 곧 삶이 된 사람들을 위한 곳이었다. 일과 삶의 경계를 애써 나누는 사람들에 대한 평가는 박했다. 몸이 회사와 떨어져 있어도 일을 고민하는 사람을 추켜세우는 분위기가 강했다. 그것이 이 조직을 앞으로 이끌어 온 힘이었다. 그래서였을까, 나는 번번이 튕겨 나갔다. 일로부터 나를 구하려는 시도들을 그만두지 않았기 때문이다. 그래서 언젠가, 멈춰 설 줄 알았다.

멈춤의 순간은 갑작스럽게 왔다. 시사 프로그램에 배정된 지 채 1년이 되지 않았던 때였다. 우울증이 엄습했다. 몇 가지 계기가 있었다. 사람들을 만나면서 얻는 스트레스가 컸고, 체력이 바닥을 쳤다. 부조리의 일부가 되지 않으려다가 세상을 떠난 친구들이 늘었다. 일하며 만났던 사람들의 부고가 쌓였다. 마음을 추스르는 방법을 알려 주는 사람은 없었다.

매일 어떤 것도 집어넣지 않고, 그저 꺼내 쓰고 있다는 생각에 자괴감에 휩싸였다. 이러다 더 꺼낼 게 없으면 어쩌지? 알퐁스 도데의 단편 소설 「황금 뇌를 가진 사나이」의 주인공은 황금으로 변한 두뇌를 아낌없이 쓴다. 처음엔 아껴서 쓰려고 했지만, 결국 머릿속이 텅 빈 채로 죽는다. 그의 마지막을 묘사하는 문장들을 떠올렸다. 피투성이가 된 손톱 끝에 금 부스러기가 끼어 있는 모습. 소설이 무엇을 의도했든 나는 다른 의미로 섬뜩해졌다. 지금 내가 쥐어짜 낸 이 문장이 마지막 금 부스러기 같은 거면 어쩌지? 습관처럼 읽던 책이 더 이상 눈에 들어오지 않게 되었을 때, 나는 펑펑 울었다.

무덤덤하게 일하고 있는 내가 끔찍해서, 자책과 자학을 시작했다. 함께하는 사람들까지도 괴롭히는 수준이 되었다. 늦지 않게 멈춰야 했다. 이것을 '업무 외' 상병으로 할지, 아니면 '업무상' 상병으로 할지 고민할 힘도 없었다. 되는 대로 휴직원을 냈다. 그간 모여 있던 휴가까지 보태니 반년이 넘었다. 그 긴 휴가에 쓴웃음이 났다.

어딘가 오래 숨어 있고 싶어졌다. 『나는 메트로폴리탄 미술관의 경비원입니다』의 저자가 그랬던 것처럼, 나도 살기 위해 내가 아는 가장 고요하고 따뜻한 공간으로 숨어들기로 했다.

바람 부는 날에는 책방으로 가야 한다

대학생 시절, 나는 작은 책방에서 아르바이트를 했다. 한때 시위에 참여하는 대학생들이 가방을 내던져 두던 곳, 하루 수백 명의 사람들이 드나들던 곳, 세미나를 하는 사람들의 목소리로 시끄러웠던 곳, 그리고 지금은 사라진 학생 사회와 함께 인적이 드물어진 곳. 매출이 끊임없이 떨어지는 와중에도 책방의 정체성만큼은 지키기 위해 후원회를 조직하고, 행사를 개최하고, 정부 지원 사업을 악착같이 따내던 곳. 인문사회과학 분야의 책들 이외엔 입장을 허락하지 않지만, 들어온 책들 대부분이 주인을 찾지 못해 흡사 박물관처럼 되어 버린 곳.

적립도 할인도 없었다. 도서 정가제가 시행되기 전에는 할인 공세를 퍼붓는 온라인 서점으로 인해 매출이 날마다 줄어들었다. 가져다 두기만 해도 매출은 보장할 참고서와 문제집은 얼씬도 못했다. 가끔씩 책방 간판만 보고 참고서를 찾으러 오는 손님들에게 "옆에 있는 책방에 가 보세요"라고 안내하는 게 아르바이트생의 주요 업무 중 하나였다. 들여온 책들이 나가질 못하니, 수금을 하러 온 출판사 직원들도 하릴없이 돌아가야 했다. 그들이 회사로 돌아가며 흘린 눈물 때문에 도림천이 마르지 않는 건 아닐까 상상하기도 했다.

수금이 안 되니 출판사와의 거래는 계속 끊겼다. 울며 겨자 먹기로 총판에서 책을 사들이면 마진율은 15%에 불과했다. 책을 팔아도 인건비조차 건지기 힘든 수준이었다. 그사이 대형 서점에선 대량

거래를 핑계로 정가의 55% 정도로 출판사에서 책을 넘겨받았다. 25%씩 할인행사를 해도 매출이 나서 버틸 수 있으니, 치킨 게임이 시작됐다. 작은 책방들이 하나씩 자취를 감췄다. 그나마 이쪽 분야의 책을 읽고 세미나를 하던 학생회도 분위기가 달라졌다. 학회들이 하나씩 사라졌고, 책을 찾는 사람은 자연히 줄었다. 골목에 남은 책방은 이제 이곳 하나였다.

한편으론 진저리가 났다. 책방도 사업이니 돈을 벌어야 했다. 돈을 벌어야 아르바이트생의 시급도 올려 줄 것 아닌가. 최저 임금 언저리를 오르락내리락하는 시급 때문에 '임금 인상 투쟁'에 나선 적도 있었다. 하지만 사정을 뻔히 아니 도리가 없었다. 교섭할(!) 시간에 매출 올릴 궁리를 하는 게 더 나았다. 책방을 아끼던 사람들은 후원회에 참여했다. 매달 일정액을 내고 나중에 책을 사면 적립한 금액에서 제하는 방식이었다. 십시일반 모은 돈을 월세에 보탰다. 책방이 오래 가길 바라는 사람들이 이토록 많으니, 책방 운영도 조금 더 '돈벌이'를 고민했으면 했다. 하지만 매장을 작은 곳으로 옮기는 동안에도 책방의 정체성은 그대로였다. 여전히 참고서는 문전박대였고, 들어온 책들은 색이 바랬다.

한편으로는 그 징글징글한 고집이 좋았다. 그 지독한 고집 때문에 이곳이 '종자 보관소'의 역할을 할 수 있었기 때문이다. 책을 거의 읽지 않는다는 요즘에도 하루에 쏟아지는 책이 몇 종인가. 그중 인쇄하지 않는 쪽이 지구와 인간 세계에 도움이 되는 책들은 얼마나 많은가. 그리고 그런 책들의 홍수 속에서, 휩쓸려 버린 좋은 책들은 얼마나 될까. 눈 밝은 책방 주인은 좋은 책들을 하나씩 건져 올렸다. 기껏해야 천 부, 많아도 이천 부쯤 찍고 나면 세상에서 자취를 감출 책들이었다. 그 책들은 절판된 후에 종종 이 책방의 서가 구석에서 발견되었다. 가끔씩 멸종된 책의 진정한 주인이 될 사람들이 지르는 환호가 책방을 가득 채웠다.

석과불식(碩果不食)이라는 말이 있다. 씨앗이 될 과실은 먹지 않는다는 말이다. 주역에 나오는 말인데, 아무리 어려운 순간에도 씨앗 하나는 남겨 두어야 희망이 있다는 뜻이다. 책방을 찾는 사람이 뜸해지고, 책방에 쌓인 책이 색을 잃어 가는 순간에도 책방의 성격을 바꾸지 않겠다며 책방 사장은 이 문장을 여러 번 되뇌었다. 이 문장을 자주 언급한 故 신영복 선생은 이 책방을 '석과불식'이라고 종종 불렀다.

여기 남아 있는 책들은 누군가에겐 철 지난 유행의 흔적일 수 있다. 이제는 수명이 다해 버린 이론들을 정치하게 다룬 책들의 무덤일 거고, 삶에 도움이 되지 않을 삐딱한 시선들의 초라한 결말일지도 모른다. 그래서, 이 책방이 보관하는 책들을 찾는 사람들은 조금씩 줄어들지도 모른다. 세계 변혁의 전망이 달라졌으므로 이 책들은 시대착오의 결과물인지도 모른다. 그것들을 끌어안겠다고 생각했다면, 그 책임을 감당해야 하는 게 당연한지도 모른다. 그렇다면 책방의 몰락은 필연적 결과일 것이다.

그래도 이곳에서 일하기로 결심했던 건, 여기 오는 사람들 때문이었다. 불평등에 분노하고, 기후 위기를 걱정하고, 인간과 동물의 관계를 고민하고, 차별을 끝내려고 시도하고, 노동의 가치에 대해 궁금해하는 사람들이 어디에나 하나쯤은 있었다. 수많은 책들로 그득한 서점의 한 구석에나 몰려 있을 법한 책들이 서가를 가득 메운 공간에 발을 디뎠을 때, 안도감을 느끼는 사람은 나뿐만이 아니었다. 그런 사람들의 표정이 좋았고, 그들이 이곳을 부유할 때 도움을 주는 일이 좋았다. 세상으로부터 밀려난 사람들이 혼자가 아니라는 느낌을 주는 공간을 지켜 낼 수 있어서 좋았다. (여전히 진절머리가 났지만.)

시간이 나면, 작은 책방에 놓인 책들을 하나씩 꺼내어 읽었다. 그리고 어디에 어떤 책들이 있는지 그 위치를 외웠다. 가끔씩 이곳을 방문하는 사람들이 부유하도록 내버려 두다가, 필요한 책들이 있다면 넌지시 건네줄 수 있도록. 멸종된 줄 알았던 당신과 같은 종족이, 여전히 살아 있다는 사실을 알려 줄 수 있도록. 책방이 보존하는 건, 책뿐만 아니라 우리와 같은 존재들임을. 아주 길지 않은 시간이었지만, 그 시간을 떠올리는 것만으로도 나는 우울함을 조금 덜어 낼 수 있었다.

    약을 틈틈이 먹으며 주변에 있는 작은 책방들을 찾았다. 이제는 아르바이트를 하지 않지만, 그때의 습관처럼 책방의 서가를 찬찬히 훑는다. 그곳에 놓인 책들엔 조급함이 없다. 자신을 봐 달라고 온 신경을 자극하는 쇼츠들과는 다르다. 느긋하게 언젠가 자기를 바라봐 주길 기다리며 가지런히 누워 있다. 소음으로 가득한 세상과 달리, 책방은 조용하고 은근하다. 한곳에 오래 머무는 눈, 오래 서 있던 자리, 바삐 움직이는 손가락이 내는 소음, 옆구리에 끼인 책의 가짓수가 책방을 방문한 자들끼리의 주요 소통 수단이다. 조용한 수다를 나누며 나는 책방을 부유한다.

    책방은 매번 새로운 미로였다. 서가를 훑으며 책방을 운영하는 사람들의 마음을 염탐했다. 서가에는 그가 살펴본 세계가 가지런히 꽂혀 있기 때문이다. 그가 본 세계의 아름다움, 고통, 즐거움, 슬픔, 애절함, 친절, 미움, 절망, 희망이 거기 있었다. 그 책들이 모여 만든 마음의 풍경을 감상하다 보면, 새로운 세계가 보였다. 내가 보지 못했던 세계가 그 안에 종종 있었다. 새로운 시선을 찾을 때마다 조심스럽게 손에 들었다. 이 책이 내 서가에 들어오면, 내 마음의 풍경도 새로이 달라질 것이라 기대하면서.

책은 나를 새로운 세계로 이끄는 틈이었다. 영화에서 비밀의 공간으로 들어가는 입구가 대개 가짜 책장이라는 사실만 봐도 그렇지 않나? 피아노 건반을 누르면 책장이 반쯤 돌아가고, 열린 공간으로 사람들이 사라지면 다시 책장이 원래 자리로 돌아온다. 이 '클리셰'만큼 책에 대한 정확한 은유가 있을까? 여전히 우리는 읽을 맛과 가치가 있는 책을 찾는다. 그 책을 통해 또 다른 세상과 만나고 싶어 한다. 책이 사람들의 마음을 빼앗는 시간은 사라지고 있지만* 우리는 여전히 책장 뒤 비밀의 공간을 탐험하고 싶어 한다. 적어도 나는 그렇게 믿는다.

교양이라는 석과불식

교양 프로그램도 책과 비슷한 운명에 놓여 있다. 이제 교양 프로그램을 보면 무엇을 얻을 수 있을까? 이 프로그램들이 시청자들에게 어떤 '교양'을 제공한다고 말할 수 있을까? 한쪽에서는 광고를 유치하기 위해 부정확한 정보들을 남발하고, 다른 한쪽에서는 시청률을 높이기 위해 재미에 집중한다. 교양 프로그램을 통해서

* 문화체육관광부의 『2023 국민독서실태조사 보고서』(2024)에 따르면, 2023년 성인 종합 독서율은 43%에 불과했다. 성인 가운데 '일반 도서(전자책, 오디오북 포함)를 단 한 권이라도 읽은' 사람의 비율이다. 해가 갈수록 낮아지고 있고, 독서 시간이나 독서량 역시 비슷한 추세를 보이고 있다.

양질의 정보를 얻을 수 있을 것이란 기대는 헛된 바람이 되어 간다. 이 장르의 프로그램을 시청하는 일이 시청자에게 어떤 진지한 경험을 제공해 준다고 말할 수 있을까?

사람들이 교양 프로그램을 통해서 보고 싶은 건, 세상에 대한 정보와 사람들의 사는 이야기일 것이다. 그리고 그 깊이와 진정성이 교양 프로그램의 가장 강력한 힘의 근원일 것이다. 그 힘을 믿고 자란 나는 책이 사람들에게 제공했던 경험, 그러니까 "책의 형태로 제공된 텍스트가 신실한 독자들에게 오랫동안 제공한 진실한 읽기 경험"•을 영상 텍스트로 재현해 보고 싶었다. 여전히 사람들은 이 진실한 '읽기' 경험을 TV를 통해서도 얻기를 바란다고 믿었다. 그래서 교양국이 좋았다.

책이 그간 독자들에게 진실한 읽기 경험을 생산해 낼 수 있었던 건, 어떤 주제에 대해 깊이 오랫동안 고민한 흔적을 담아냈기 때문이다. 오랫동안 고민한 이의 통찰, 정확한 이야기, 출처 있는 이야기들이 검증을 기다리며 물리적 매체로 남았다. 무차별적으로 쏟아지는 정보들 가운데 무엇을 취사선택해야 할지 고민할 때, 그 등대의 역할을 했다. 좋은 책을 읽으면, 세상을 바라보는 시각의 해상도가 높아진다고 느낀다. 영상도 그럴 수 있지 않나? 좋은 영상은 시청자에게 오래 고민하고 깊이 생각하는 진지한 경험을 줄 수 있지 않나?

어린 시절 좋아했던 교양 프로그램들은 내가 몰랐던 세계가 여기 있다는 사실들을 알려 줬다. 그 프로그램들이 아니었다면 영영 몰랐을 세계들을. 쓰레기가 된 옷들이 어디로 흘러가 쌓여 있는지, 버스를 타지 못하는 장애인들이 어떻게 자신의 집에 고립되는지, 얼마나 많은 빙산이 녹아내리고 숲이 불타고 있는지, 얼마나 많은 노동자들이 열악한 노동 조건에 신음하는지. 편안한 소파 앞에 앉아 바라보는 세상은 얼마나 좁은지 알려 주는 이야기들이 좋았다. 그래서 이 일이 좋았다.

하지만 정작 일하면서는 이 장르의 설 자리가 점점 좁아지고 있음을 느꼈다. 우리는 다소간 모호했다. 세상에 대한 해상도를 높이고, 세상을 달리 보이도록 하는 게 교양의 자리라는 생각이 나만의 착각이었던 건 아닌가 싶을 때가 늘었다. 이 자리를 지켜 내겠다고 말하는 사람들이, 갈수록 밀도 낮은 정보들을 생산하는 데 몰두하는 모습에 혼란스러웠다. 사람들이 받아들이기 어렵다는 이유로, 계속 '당의정'을 입히는 데에만 집중하는 태도들이 어색했다. 그렇게 만들어진 프로그램들이, 왜 '교양'이어야 하는지를 이해하기 어려웠다.

우리 스스로 존재의 이유를 포기하면, 누가 이 조직에서 만든

* 김지원, 『지금도 책에서만 얻을 수 있는 것: 사람들이 읽기를 싫어한다는 착각』, 유유, 2024, 11쪽.

프로그램을 필요로 할까? 우리가 만드는 것이 세상에 꼭 필요하다고 고집부리는 대신, 세상이 원하는 대로 너무 빠르게 적응해 버린 게 오히려 독이 되는 건 아닐까? 어떤 사람들은 '교양' 대신 '제작'으로 부르자고 했다. 살아남으려면 어쩔 수 없는 선택인지도 모른다. 하지만 이름이 바뀌고 나면, 우리는 무엇을 할 수 있을까?

우리에게는 영상을 보는 게 아니라 읽게 만들어야 할 이유가 있었다. 시청자를 만들어 내는 일이기도 하므로. 갈수록 교양 프로그램을 보지 않는 시청자들을 보고 한탄하는 대신에, 그 시청자들을 만들어 내는 일을 하면 되는 게 아닐까? 믿을 만한 내용을 담고, 깊은 고민을 담는다면 영상을 '읽는' 사람들을 다시금 만들어 낼 수 있을 거다. 그런 믿음이 없다면 우리가 교양국에 있다는 건 일종의 냉소에 불과하다. 어디 가지 못해 여기 있다는 식의 냉소. 우리는 정말 '교양'의 울타리 안에 있고 싶긴 한 건지, 그게 궁금했다.

> 시대가 바뀌어도 사람들은 재미있고 자신에게 유익하고 신실한 글을 읽기를 원한다. 좋은 글을 마주하면 눈을 꿈벅대고, 때론 갸우뚱하다가도 깨우침을 얻어 읽는 기쁨을 느낀다. 중요한 것은 이런 글은 흔하게 어디든 널려 있는 것도 아니고 돌멩이처럼 공짜로 바닥에서 주울 수 있는 종류의 것도 아니라는 점이다.

좋은 글 한 편에는 저자를 비롯해 많은 이들의 헌신 어린 노력이 담겨 있다. 그런 헌신이 깃든 글은 오늘날 어디에 (많이) 모여 있는가?●

    재미는 사람들을 쉽게 사로잡는다. 하지만 유통기한이 짧다. 그리고 사람마다 재미의 기준이 다르다. 한때 재미있었던 것이, 지금은 재미가 없다. 너에게 재미있는 것이, 나에겐 재미가 없다. 누군가에겐 얼굴에 검은 칠을 하고 우스꽝스러운 표정을 짓는 게 재미있고, 다른 누군가에겐 예술 작품의 숨겨진 의미를 찾는 게 재미있다. 일반화할 수 없는 '재미'를 핑계로 편한 길을 찾아가면, 처음엔 편해도 나중엔 부담으로 돌아온다. 이제 와서 인종 차별적 유머를 사용하던 시대의 영상을 활용할 방법이 없는 것처럼.

    재미를 핑계로 편견을 활용하는 게 교양의 길은 아닐 것이다. 방송의 속성상 언제나 소수보다는 다수에 집중하고, 그러다 보면 편견을 활용하는 경우들이 있다. 결혼하지 '못한' 남자들을 안쓰럽게 바라보는 시선, 연애 '못한' 사람들에 대한 조롱……. 편견을 거스르지 않는 프로그램들은 돈을 벌었고, 그 돈은 다시 편견을 정당화했다. '사람들은 대부분 이런 생각을 한다, 이것이 편견이라는 게 너의 편견은 아니냐?' 그리고 그 길이 마치 유일한 정답인 것처럼, 우

● 김지원, 같은 책, 18쪽.

리도 그 길을 따라야 하는 것처럼 여겨지는 상황이 싫었다. 무능력해지는 한이 있어도, 그 길을 따라 걷고 싶지 않았다.

이 길이 내게 유일한 선택지라면, 돌아오지 않는 쪽이 낫겠다고 생각했다. 그래서 길게 방황했다. 한편으로는 스스로의 무능함을 자책했다. 그간 만든 프로그램들이, 세상을 좋은 방향으로 이끄는 데 도움이 되었을까. 내가 누군가의 프로그램을 보고 새로운 세계가 있었다는 사실을 깨달았던 것처럼, 내 프로그램이 누군가에게 그런 역할을 했을까. 책방에서 숨겨진 보석을 찾아 집으로 들고 오는 수고를 들이는 것처럼, 내 프로그램도 누군가에게 그런 수고를 들일 만한 것들이었을까.

살아남기 위해 신통치 않은 이야기들만 반복하고 있었던 건 아닐까. 매일 근근이 버티겠다는 마음으로 버티고 있었던 게 더 안 좋은 결과만을 만들어 냈을지도 모를 일이었다. 이 길이 아니어도 다른 길이 있을 수 있는데. 쓸데없는 고집으로 바꿀 수 없는 걸 바꾸겠다고 애쓰고 있었던 건 아닐까. 고민이 깊어지면서 방랑도 길어졌다. 나는 좌표를 잃고 오래 부유했다.

13. 싸우면서 편성한다

어디로 가라고요?

　책방을 찾다가 바다를 건넜다. 이현주의 『시애틀의 잠 못 이루는 서점』*을 우연히 집어 든 탓이다. 가 보고 싶은 책방들이 몇 곳 있었다. 책방의 징검다리를 건너는 동안 몸을 따뜻하게 덥힐 카페들도 많아 보였다. 방랑하는 김에 제대로 주머니를 털어 보자는 마음이었다.

　시애틀엔 비가 많이 내렸다. 겨울이지만 날씨가 따뜻해 눈 대신 비가 왔다. 우비를 입고, 따뜻한 커피 한 잔을 들고 언덕을 오르내렸다. 시애틀 해안가의 경사는 꽤 가팔라서 지그재그로 걸어야 했다. 시간을 낭비하는 감각이 좋았다. 시간 주권이 내게 없었던 지

* 이현주, 『시애틀의 잠 못 이루는 서점: '아마존'의 도시에서 동네 서점이 사는 법』, 유유, 2018.

난 10년간 이런 기분을 느껴 본 적이 없었던 것 같은데.

스타벅스 1호점으로 유명한 파이크 플레이스엔 '레프트 뱅크 북스(Left Bank Books)'가 있었다. 1973년에 영업을 시작한 서점인데, 그 취향이 남달랐다. 노동, 장애, 인종, 퀴어, 여성, 사회주의 등 진보적인 사상들을 다룬 책들로 두 층을 가득 채우고 있었다. 바로 옆 생선이 날아다니는* 시장에서 일하는 사람들도 종종 앞치마를 두른 채 책방으로 들어왔다. 시애틀이 유달리 진보적 색채가 강한 편이라지만, 생경한 모습이었다.

예전엔 서울에도 비슷한 책방들이 많았다. 이제는 고집스럽게 책을 골라 모으는 책방이 드물다. 자기만의 기준으로 책을 모으고, 사람들에게 자신감 있게 건네는 곳들을 찾기 어렵다. 어쩌면 '큐레이션'이 더욱 중요해진 시대에, 그런 고집을 부릴 수 있는 지적-경제적 토대가 사실상 사라진 건 아닐까 하는 아쉬움이 있었다. 시대착오적인 모습을 고집하는 책방들을 구태여 가서 보려고 했던 것도 그 아쉬움을 달래기 위해서는 아니었을까.

아쉬워하며 책방을 전전하던 어느 날인가, 한 선배로부터 메시지가 도착했다. '너 이제 돌아올 때가 되었다며? 어떡할 거야?' 아직 갈피를 잡지 못하고 있어서, 선뜻 대답하지 못하고 있던 그때였다. '다른 부서로 전직해 보는 건 어때?' 비록 야근 수당은 기대할 수 없고, 마치 신입 사원처럼 처음부터 일을 배워야 할 수도 있지만, 방송사엔 꼭 제작 부서만 있는 건 아니지 않느냐고 했다.

제작 부서가 아닌 곳에서 일한 경험이 없었다. 그러다 보니 제작 부서의 논리에 어느새 익숙해져 있었다. 하지만 회사는 크고, 회사에 소속된 조직도 많다. 저마다의 논리가 있다. 한쪽이 언제나 옳은 것은 아니다. 서로의 논리가 부딪치는 자리를 보지 못하고 회사를 떠난다면, 회사를 다니면서 얻는 게 뭘까 싶기도 했다. 평생 제작만 하고 싶다고 생각했지만, 정작 프로그램을 만들기 위해선 조직이 돌아가는 사정도 알아야 했다. 그 시야를 넓혀 볼 기회가 있다면 좋을 텐데. 기회가 된다면 한 번은 다른 조직에 몸담아 봐야 한다고 생각하던 찰나였다.

돌아가겠습니다, 메시지를 보내고 나는 귀국하는 비행기에 올랐다. 기대와 걱정을 한 아름 끌어안고, 이것은 적절한 방향 전환이지, 실패가 아니라고 다짐하면서.

- 진짜로, 날아다닌다…….

아는 거라곤 드라마로 본 것밖엔……

『채널 고정!』*이라는 만화가 있다. 일본 홋카이도의 한 지역 방송사에 입사한 신입 사원이 겪는 방송사 생활을 다룬 만화다. 명백히 탈락할 사람이었지만 폭탄도 하나 뽑혀야 조직이 정체(停滯)되지 않는다는 이유로 구제를 받은지라, 매번 사고를 친다. 같이 입사한 동기들은 그녀를 상당히 못마땅해하지만, 정작 해맑은 주인공은 그걸 모른다. 난장판을 만들어 놓는 주인공을 보고 '아, 혹시 이 폭탄이 난가?' 하며 땀을 흘리곤 했는데.

만화가 나온 후 10년쯤 지나, 드라마로 만들어졌다는 이야기를 들었다. 잊고 있다가 넷플릭스에서 우연히 새로 나온 작품들이 없나 검색하다가 발견했다. 옛날 생각도 나서 한번 재생해 봤는데, 예전에는 눈에 잘 들어오지 않았던 인물이 보였다. 편성부의 신입 사원이었다. 누가 봐도 스물셋으로 보이지 않는 중후한 외모 덕에 누구도 '신입'으로 생각하지 않는 인물. 그가 주인공은 아니지만, 중요하게 다뤄지는 부분이 있다.

홋카이도 남부 고교 야구 결승전이 열리는 날이었다. 경기는 압도적으로 홈팀이 끌려가고 있었다. 편성부 입장에선 경기 흐름이 한쪽으로 쏠리는 게 나았다. 경기가 제시간에 끝나야 뒤에 이어질 프로그램들도 별다른 영향 없이 정상적으로 방송할 수 있기 때문이다. 물론 연장전을 감안해서 다중 편성표를 만들어 두긴 하지만, 그렇게 되지 않기를 바란다. 뒤이어 편성된 뉴스 시간이 줄어들면, 애서 만들어 둔 리포트를 날려 버려야 하기 때문이다.

경기가 진행되면서 문제가 커진다. 홈팀이 힘을 내면서 기어코 동점 상황을 만들어 냈기 때문이다. 이대로라면 확실히 뉴스 리포트 몇 개는 빠져야 한다. 심지어 그 리포트 중 하나는 동기가 고생 끝에 완성해 낸 꼭지다. 연장전을 중계할 것인지, 아니면 모든 야구팬들을 분노케 할 '정규 방송 관계로 중계를 마치겠습니다'를 선언해야 할지 결정해야 하는 중요한 순간, 편성부 선배는 일이 있다며 신입에게 모든 결정을 일임하고 퇴근해 버린다.

그 와중에 경기는 홈팀의 역전 끝내기 홈런으로 끝났고, 시간을 보니 이대로 끝내면 뉴스도 살릴 수 있는 상황. 하지만 스포츠부에선 역전 홈런의 주인공 인터뷰를 내보내야 하지 않느냐고 하고, 뉴스부에선 이대로 끝내고 뉴스를 정상 편성해 달라고 한다. 일본 드라마 특유의 뻔한 감정선 살리기가 지나고 나면, 편성부 신입 직원은 동기의 뉴스를 자르는 선택을 한다. 그게 더 시청자가 원하는 것이라고 생각하면서.

그 순간, 너도 어딜 가나 예쁨 받긴 글렀구나, 싶었다. 한정된

• 사사키 노리코, 『채널 고정!』(전 6권), 서울문화사, 2011~2015.

자원을 두고 결정을 내리면, 어느 쪽을 선택하든 누구에게도 좋은 이야기를 듣기 어렵다. 선택에 명확한 근거가 없다면 어느 쪽에서든 공격받기 좋고, 반대로 근거만 명확하다면 버텨 낼 수 있는 일. 어쩌면 지금까지는 한쪽 끝에서 이야기를 하는 사람의 입장에 있었다면, 이 자리는 서로의 노고를 알면서도 한쪽을 선택해야 하는 괴로운 곳이구나 싶었다. 지금까지 겪었던 회사 생활과는 다른 일이, 펼쳐질 수 있겠다는 생각이 들었다.

다시 처음부터 다시

회사마다 편성 부서의 구성이 다르지만, 이 회사에선 크게 거시/미시로 구분되어 있었다. 분기별 개편, 신규 프로그램 편성 등 크고 굵은 편성 전략을 짜는 곳과, 주간, 일간, 시간 단위의 프로그램 편성 전력을 짜는 곳으로 나뉘었는데, 나는 후자였다. 매일 발생할 위험이 있는 방송 사고를 막고, 각종 편성 규제에 적합한 운행을 하고 있는지 검토하고, 재허가나 방송 평가와 같이 면허를 갱신하는 일에 필요한 자료들을 정리하는 부서였다.

어느 쪽으로 갈 거냐는 말에 잠깐 고민했다. 가끔 제작에서 편성으로 순환 근무를 다녀온 선배들은 대부분 거시적인 편성 전략을 짜는 팀에 배치되었다. 제작 부서와 접점이 많은 편이었기 때문이다. 하지만 고민 끝에 후자를 택했다. 가까이서 보면 달리 보이는 것들이 있을 거라고 믿었기 때문이다. 제작처럼 정해진 마감일만 맞추면 큰 문제가 없는 삶이 아니라, 매일을 문제없이 정갈하게 마무리하는 삶이 어떤지도 궁금했고 말이다.

모든 일은 익숙하고 새로웠다. 고작 몇 층 위로 근무지가 달라졌을 뿐인데, 분위기는 제법 달랐다. 두 부서 모두 방송을 만들어 내보내는 과정의 일부를 담당하고 있지만, 참여하는 마음가짐이나 보이는 세계가 달랐다. 얼마 전까지 어깨를 겯고 일하던 사람들과 이해관계의 양 끝단에 있어야 할 때도 있었다. 사소하게는 재방송의 횟수를 두고 싸워야 했고, 조금 더 진지하게는 프로그램의 진입 시간을 두고 싸워야 했다.

신입 사원과 마찬가지인 시간을 보냈다. 모든 게 서툴렀다. 문서 작성이나 시청률 계산을 하며 발생하는 오류들은 약과였다. 가장 중요한 과제, 익숙한 제작자의 시선으로부터 벗어나는 데 꽤 애를 먹었다. 프로그램을 만드는 사람의 입장에 몰입해, 판단을 내려야 할 때 망설이는 경우가 많았다. 이 프로그램을 계속 내버려 두는 게 맞을지, 아니면 과감하게 중지를 요청해야 할지 고민하는 과정에서 '숫자' 이외의 요소들을 많이 떠올렸다.

한편으로 잔인하지만, 프로그램들이 한데 모여 있는 편성표 위에서 감정은 때로는 일을 그르치는 요소다. 프로그램을 만드는 제작자의 입장에서 보면, 편성표엔 내 프로그램만 눈에 들어온다. 하지만 편성표 전체를 그리는 사람의 입장에서 보면 그럴 수 없다. 모든 제작자의 치열함은 공평하게 인정받을 수 없다. 열정의 순서로 프로그램을 고를 수도 없다. 모든 프로그램엔 저마다의 치열함이 있다. 숫자 이외의 것들이 판단의 근거가 되었다간, 결정에 책임질 방법이 마땅치 않았다.

서로 개인적으로 친한 것이 오히려 문제가 될 때도 있었다. 순환 근무가 서로에 대한 이해를 높이는 측면도 있지만, 너무 가까워지면 오히려 해야 할 말을 못 할 때도 많았다. 사적인 감정이나 비공식적인 요청들이 편성표를 뒤흔들 때엔 언제나 사달이 났다.

편성표는 전쟁터였다. 고요하지만 수시로 '고지'가 바뀌었다. 가장 시청률이 잘 나오고, 시청자층이 두터운 곳을 차지하기 위한 소리 없는 전투가 매일 벌어졌다. 시청률이 떨어지는 프로그램을 폐지할 거란 소문이 들리면, 각 부서에선 저마다 물밑 작전을 벌였다. 그리고, 다음엔 자신의 부서에서 만든 프로그램을 배치했으면 하는 소망들을 보탰다. 편성표의 중요한 자리마다 꽂힌 프로그램의 개수가 부서의 전력처럼 보이기도 했다. 바깥에서 보면 회사는 하나지만, 안에서 보면 저마다 살아남기 위해 고투하는 부서들의 느슨한 집합이었다.

규제, 규제, 규제

편성표는 생각보다 다양한 규제들 사이에 놓여 있었다. 밖에서 보면 왜 있어야 하는지 알 수 없던 프로그램들도, 저마다 존재의 이유가 있었다. 전파는 국민의 것이고, 전파를 빌려 쓰는 방송사는 주기적으로 면허의 적합성을 증명해야 했다. 어린이 프로그램의 비율, 국내 애니메이션 프로그램의 비율, 외주 제작 프로그램의 비율 등 세세한 부분들까지 수치가 명확하게 정해져 있었다.

방송의 다양성을 확보하고 수용자의 선택권을 보장하기 위해 일정하게 '이윤'을 포기하고 공익에 복무하라는 게 규제의 취지지만, 변해 버린 환경에 걸맞지 않은 규제들이 많았다. 가령 교양과 오락의 경계가 무너지는 상황에서 '오락' 비율을 규제하는 것이 어떤 의미가 있을까? 또한 보통의 사람들에게 TV나 OTT나 그저 하나의 영상 플랫폼이 된 지 오래인데, 정작 규제는 TV 편성에만 적용되는 경우도 많았다.

　　오래된 프로그램들이 살아남는 이유가 여기에 있었다. 가령 재미가 없더라도 그만한 비용으로 다양한 편성 비율을 맞춰 주는 프로그램이 없었다. 협찬을 끌어와 수지에 도움을 주는 프로그램들도 함부로 빼거나 줄일 수 없었다. 뉴스가 줄면 수어 방송 비율이 줄어 문제가 될 때도 있었다. 빼면 안 되는 프로그램들이 편성표의 '내력벽'처럼 존재했다. 막상 그 프로그램들을 제외하고 나면, 편성 부서의 재량이라는 게 그리 많지도 않았다.

　　애초에 선택지가 적으니 오해는 필연적이었다. 정치적이지 않은 결정도, 어떤 식으로든 정치적으로 변할 가능성이 높았다. 회사의 이익이 늘 개별 조직의 이익과 일치하는 건 아니었다. 편성표에 들어갈 프로그램의 수량은 한정적이고, 선택받지 못한 프로그램의 제작자와 조직은 그 선택이 달가울 리 없었다. 오해와 상처는 늘 생겨났다. 합리적으로만 대하면 일이 결국엔 돌아갈 것이라는 믿음이 깨지는 경우도 왕왕 있었다. 그게 오히려 정치화의 재료가 되는지도 모른다.

싸움은 반복된다, 그래도

한정된 제작비, 여유 없는 편성 공간으로 인한 싸움은 반복된다. 새로운 프로그램이 만들어질 때마다 겪는 진통이 그 한 예다. 최근 들어 신규 프로그램들은 '시즌제'의 형태로 만들어진다. 한번 만들어지면 별도의 종료 예정일 없이 계속 편성되는 게 아니라, 8회, 10회 등 일정한 분량만큼만 방송하는 식이다. 미국 드라마 제작 방식에서 온 '시즌제'는 계절이 방송 제작의 기준이라 붙은 이름이다. 미국에선 주로 3분기에 드라마를 시작해 이듬해 2분기에 종영하는데, 9월에 시작하는 건 대형 광고들이 주로 그때 붙기 때문이라고 한다. 한국에선 그 의미보다는 정규 프로그램에 비해 짧게 편성한다는 의미로만 쓰이는 것 같지만.

새로운 프로그램을 만드는 사람은 가능한 한 계속해서 프로그램을 지속하고 싶다고 생각한다. 몇 번 하고 말 프로그램을 만들기 위해 원래의 일거리를 포기할 사람은 적다. 하지만 새 프로그램을 편성할지 말지 결정해야 하는 사람은 프로그램이 실패했을 때 벌어질 일을 고민할 수밖에 없다. 종료일을 정하지 않고 프로그램을 편성하면, 성적이 좋지 않아도 쉽게 정리할 수 없다. 결정은 신중해질 수밖에 없다.

최근엔 성공적으로 시즌제가 안착한 경우가 많다. 드라마뿐만 아니라 예능, 교양 등 분야를 가리지 않는다. 시청자에게 인정을 받으면 포맷이나 설정을 재활용할 수 있고, 그러면 제작을 연장하기가 수월하다. 하지만 한편으로는 제작진의 불안도 높아진다. PD를 제외하고 대부분이 프리랜서인 제작 현장에서, 시즌이 언제고 반복될 거라는 믿음을 주기는 어렵다. 시즌제가 실패할 자유일지, 아니면 편리한 종영의 수단일지 제작진들은 구분하기 어렵다.

프로그램이 언제나 영원해야 하는 건 아니다. 하나의 프로그램이 끝나야, 새로운 프로그램을 위한 공간이 비기 때문이다. (하루가 25시간으로 늘어난다면 모르겠으나) 시간이 지나면 한때 재미있었던 프로그램도 인기가 시들해진다. 자연스럽게 프로그램은 종영의 위기에 처한다. 특히나 시즌제 제작이 늘어나면서, 종영의 위기는 더 자주 찾아온다. 하지만 프로그램 하나를 만들기 위해 시간과 열정을 갈아 넣은 사람들이, 쉽게 종영 결정을 받아들이긴 어렵다. 싸움은 늘었다.

프로그램이 편성표에서 하나씩 사라질 때마다 마음을 다치는 사람이 늘었다. 지우고 지워지는 과정은 언제고 반복될 텐데, 이전보단 조금 더 낫게 싸울 수 있지 않을까? 그럴 때 필요한 건 서로에 대한 예의일지도 모른다는 생각을 했다. 비록 시간의 흐름에 뒤처져 끝내 사라질 운명이라 할지라도, 한때 당신의 열정 덕에 우리가 지금까지 버틸 수 있었다는 존중이 필요했고, 어쩔 수 없이 좋지 않은 소리를 할 수밖에 없었다는 사실을 이해해 주는 게 필요했다. 싸워야 할지언정 서로는 서로를 필요로 한다는 것을, 우리는 조금 더 빨리 알아야 했다.

편성이란 결국 무언가 사람들에게 선보이기 위해 고민하는 일이다. 24시간이라는 흘러가는 시간을 잘 분석해 그 위에서 사람들이 무엇을 보고 있는지 파악하고, 더 많은 사람이 우리 채널을 바라보도록 만드는 일이다. 분명한 건 좋은 프로그램이 많을수록 편성도 편하다는 사실이다. 그래서 이곳은 서로 배타적인 곳이 아니라 서로 존중하는 곳이어야 했지만, 현실에선 언제나 상처와 싸움으로 얼룩져 있었다.

가교가 되겠다는 욕심을 부린 적은 없다. 종종 '스파이'의 감각을 느낄 때는 있었지만. 이곳에도 저곳에도 제대로 소속되어 있지 않다는 느낌을 오래 경험했다. 조금 더 오래 버티면 그 감각이 사라질까? 하지만 시간이 흐른다고 '출신'이 달라지는 건 아닌 듯했다. 스스로 생각을 어떻게 바꿔야 하느냐의 문제였던 것 같지만.

14, 멋진 신세계

한 개인의 성격은 자신이 지내 온 어린 시절의 결과이며, 사람은 의식하든 의식하지 못하든 하나의 아이디어를 반복해서 계속 재탕하며 평생을 보낸다. 인간이라면 누구나 그렇고, 예술가는 더더욱 그렇다. 어떤 소재를 다루든, 결국 마지막에는 똑같은 집착을 조금 다른 각도로 접근한 것으로 끝난다. 이것은 꽤 화나는 일이다. 누구나 자신이 발전하고 있다고 믿고 싶기 때문이다. 그러나 동시에 흥미로운 일이기도 하다. 결코 끝나지 않는 도전이기 때문이다. 필사적으로 풀어야 할 저주인 셈이다.•

• 로랑 티라르, 『거장의 노트를 훔치다』, 조동섭 옮김, 나비장책, 2007, 212쪽.

또 한 번, 이동

"저, 옮기고 싶습니다." 올림픽이 끝난 그해, 팀장과의 정기 면담 자리에서 나는 제작으로 돌아가고 싶다고 말했다. 편성 부서에 와서 일한 지 만 3년이 되는 해였다. 팀장은 내가 언제든 제작 부서에 갈 수도 있다고 생각은 했다고 말했지만, 그 일이 정말 현실이 되길 바라지는 않았을 것이다. 사람을 당장 새로 구하는 일이 그렇게 녹록지 않기 때문이다. 여유가 있었으면 해서 최대한 일찍 생각을 전했지만, 서로가 생각하는 '일찍'은 같을 수 없다. 모든 이동은 언제나 촉박하다.

아주 가끔씩 마음에 이는 불을 끄기 어려웠다. 사람들에게 웃음이든 정보든 줄 수 있는 무언가 알찬 콘텐츠를 만들어 보고 싶은 욕심이었다. 제작 부서에서 콘텐츠를 만들 때보다 훨씬 더 긴 시간 동안 다른 사람이 만든 콘텐츠들을 보면서, 부러웠다. 멋져 보였다. 좋은 재료로 차려진 밥상들을 보면서, 우리도 좋은 재료를 확보할 수 있다면 얼마나 좋을까 꿈꾸는 시간이 늘었다.

그렇다고 만드는 일에 자신감이 갑자기 붙은 건 아니었다. "나도 이 정도면 할 수 있어"라고 근거 없는 자존심을 내세우게 된 건 아니었다. 오히려 반대로 "내가 이런 것들을 만들어 낼 수 있을까?"

하는 불안감이 계속 내 발목을 잡고 자리에 주저앉혔다. 부서를 이동하는 게 뭐 그리 큰일일까 싶으면서도, 제작과 비제작 부서를 오가는 일이 반복되면 나는 그 어느 쪽에서도 주변부에 머무르게 되지 않을까 하는 걱정을 지우지 못했다. (그렇다고 이전엔 중심에 있었냐고 하면 그것도 아니었지만.)

그럼에도 결심하게 된 건, 몇 가지 가능성을 현실로 만들어 보고 싶었기 때문이다. 이미 다른 방송사에서는 뉴 미디어 부서에서 제작한 다양한 길이의 영상들을 활용하여 콘텐츠 사이 비는 시간들을 채우는 방식을 편성표에 도입하고 있었다. 짧게는 5분, 길게는 30분 분량의 콘텐츠들이 그간 버려지는 시간에 가까웠던 틈새들을 최소화하거나 없애고 있었다. 제작비가 그리 많이 들지 않는다면, 비는 시간을 줄이고 채널 이탈을 최소화한다는 데 충분히 의미가 있지 않을까? 게다가 아예 짧은 콘텐츠들의 편집을 달리하거나 여러 콘텐츠를 통합해 TV 콘텐츠의 길이에 맞게 제작하는 경우들도 있었다. 어쩌면 TV로부터 이탈한 뉴 미디어 시청자들을 다시 TV 앞으로 끌어들이는 입구가 될 수도 있지 않을까?

TV에서 이탈한 사람들이 뉴 미디어로 갔다고 해서, 시청 습관이 완전히 바뀐 것은 아니다. 한때는 빈지 워칭(몰아 보기) 현상을 주목하기도 했지만 최근엔 뉴 미디어도 '편성'이 중요해지고 있으니까. 만들어지는 대로 무조건 많이 올리는 게 능사가 아니고, 일정한 주기로 구독자들의 시청 습관을 형성하고, 적절한 퀄리티로 만들어 내는 게 더 중요해졌다. 잘나가는 콘텐츠와의 경쟁을 피하기 위해서라도, 뉴 미디어판 편성표를 짜는 게 과제였다. 그런 과제라면…… 저도 한번 해 볼 수 있지 않겠습니까?

TV가 뉴 미디어에 비교적 적대적이었던 때가 있었다. 경쟁 상대로 보고 콘텐츠를 제공하지 않는 등 지금으로서는 상상하기 어려운 정책을 실행하기도 했다. 저작권 문제와 같이 쉽게 풀기 어려운 문제도 산적해 있었으므로 일방적으로 매도할 건 아니지만, 미디어 생태계의 주도권이 조금씩 뉴 미디어로 기울어 가는 상황에서 관계 설정이 재조정될 필요는 있었다. 결국 오래지 않아 방송사들은 뉴 미디어를 활용해 수익을 낼 방법을 찾았고, 방송사마다 뉴 미디어에 뛰어들 부서들을 하나씩 만들었다. 회사엔 미리 미래를 내다본 이들이 있었고, 그들이 몇 년간 갖은 고생을 통해 만들어 놓은 터전이 있었다.●

2023년엔 지상파 방송사뿐만 아니라 케이블 방송사에서도 뉴 미디어 플랫폼을 활용해 자사의 다양한 콘텐츠들을 제공하고, 다양한 수익을 내는 사업들에 뛰어든 상태였다. OTT를 따로 구독하지 않아도 각 OTT의 가장 인기 있는 프로그램은 전부 뉴 미디어 플랫폼에서 볼 수 있을 정도였다. 앞으로 어떤 식으로 시장이 변화할지 알 수 없었다. 그리고 그게 매력이었다. 지금 도전하지 않으면, 나에게도 사업에도 별로 좋지 않을 수 있겠다 싶었으니까. 더 늦기 전에, 계속 뭔가를 배워 보고 싶었다.

솔직히 많이 두렵습니다

해가 바뀌고, 뉴 미디어 부서에 출근하기 시작했다. 맡게 된 채널은 구독자 88만 정도의 뉴 미디어 채널이었다. 방송하고 있는 교양 프로그램의 대부분을 담당하는 채널이었지만, 채널 수익의 대부분은 몇몇 프로그램들의 인기에 기대고 있었다. 팀의 규모와 수익을 고려하면 현재로서도 손해는 나지 않았지만, 성장을 위해서는 끊임없이 새로운 시도를 해야 했다. 방송사도 결국은 기업이지만, 뉴 미디어 부서는 아예 별도의 '사업팀'으로 존재했다. 보통 방송 프로그램에 대한 피드백이 비교적 천천히 그리고 간접적으로 온다면, 뉴 미디어 채널 운영 사업은 콘텐츠를 공개한 순간부터 즉각적으로 반응이 온다. 게다가 채널 관리 화면에 뜨는 각종 그래프들과 실시간으로 변하는 예상 수익은, 초보 팀장에게 제법 큰 압박으로 다

- 이미 173년의 역사를 지닌 미국의 『뉴욕 타임스』도 2014년에 유출된 '혁신 보고서'에서 디지털을 우선으로 삼아야 한다는 목표를 세운 적이 있다. 그로부터 10년이 지났고, 세상은 예상보다 훨씬 빠르게 변했다. 그리고 그 변화를 민감하게 예비한 사람들이 다행히 이 회사에 있었다.

가왔다. 이 수치들보다 떨어지진 말자고 다짐했지만, 어떻게 해야 그럴 수 있는지는 몰랐다.

구독자들의 성향을 파악하는 것도 시급한 과제였다. 이 채널에 관심을 가지고, 새로운 콘텐츠가 올라오면 알려주는 알람을 받겠다고 한 사람들이 80만 명이 넘는데, 이 사람들은 대체 뭘 좋아할까? 개별 콘텐츠뿐만 아니라 채널 전반적인 수준에서 제공되는 세세한 구독자 정보들이 있었지만, 그것을 잘 활용할 수 있으려면 경험이 좀 더 필요했다. 뉴 미디어 콘텐츠를 즐겁게 보는 건 잘했지만, 잘 보게 만드는 건 다른 차원의 문제니까. 그간 채널을 성장시킨 다양한 기법들이 담긴 주머니(!)는 받았는데, 활용은 어떻게 할지 한동안 감을 잡지 못했다.

TV도 브라운관(지금은 브라운관이라는 표현이 진부해진 지도 한참이 지났군……) 너머에 있는 익명의 시청자를 대상으로 하고, 뉴 미디어도 플랫폼 너머에 있는 익명의 구독자를 대상으로 장사를 하지만, 하나 명백한 차이가 있다면 실시간으로 직접적인 반응을 받느냐 마느냐다. 프로그램이 마음에 들지 않아도 시청자가 의견을 제작진에 전달하려면 상대적으로 길고 번거로운 절차들을 거쳐야 하고, 그나마도 언제든 중간에 단절될 위험이 있다. 하지만 뉴 미디어 플랫폼에는 다양한 의사소통 수단이 구비되어 있고, 절차도 간

소하다. 댓글 하나만 달거나, '싫어요' 버튼을 한 번 누르면 끝이다. 게다가 그 의견이 공개적으로 노출되다 보니 신경 쓰지 않을 도리가 없다. 방송보다 더 즉각, 그리고 더 오래 콘텐츠를 신경 써야 하니, 제작자들의 스트레스도 상상 이상이었다.

장점도 있었다. 사람들이 무엇을 좋아하고 싫어하는지 스스로 검열하지 않고 드러낼 수 있는 플랫폼이기에, 그들의 취향과 선호를 파악하기 편했다. 예상보다 인기가 낮으면 제목과 썸네일을 바꿔 보고, 인기가 높으면 비슷한 콘텐츠들을 여러 편 더 만들어 보면서 구체적인 취향의 목록을 만들어 나갈 수 있었다. 그들의 관심이 비록 정당하지 않더라도, 때로는 채널을 운영하는 데 도움이 된다. 하지만 그 관심을 오래 좇기만 해서는 장기적으로 더 많은 구독자를 잃을 가능성이 있다. 구독자가 들고 나는 수준을 고려해 언제나 적절한 선을 찾아야 했는데, 채널에 실시간으로 기록되는 다양한 정보들이 그 결정에 대한 객관적인 정보들을 제공해 줬다.

채널 운영에 조금씩 익숙해질수록, 지난 10년간 회사에서 배운 것들이 이 부서에서 좋은 성과를 내는 데 그렇게 큰 영향을 미치지 못할 수도 있겠다는 생각이 들기 시작했다. 어쩌면 이 부서에서 가장 필요한 건 보통 사람들의 선호를 파악할 수 있는 능력과 이를 재빨리 활용할 수 있는 민첩함 아닐까? 그게 내겐 가장 부족한 것들인데, 정말로 나는 잘 해낼 수 있을까?

분석이라는 걸 해 봤는데요

분석부터 시작했다. 찬찬히 살펴보니 아쉬운 점들이 있다고 생각했다. 하나는 채널이 수익을 얻는 구조가 너무 취약하다는 점이었다. 이 채널의 특성상 내보내는 콘텐츠 대부분이 TV 콘텐츠들인데, 만약 TV 콘텐츠가 인기를 서서히 잃는다면 어떻게 될까? 채널의 자생력을 위해서, 만약의 사태를 대비해 TV 콘텐츠가 아닌 채널 자체에서 만드는 것들이 있어야 했다. 마치 광고 수익 이외의 다양한 파이프라인을 만들고자 안간힘을 쓰는 방송사처럼, 채널도 잘나가는 콘텐츠 이외에도 끊임없이 안정적인 수익을 낼 수 있는 콘텐츠 시리즈를 만들기 위해 계속 시도해야 했다. 떠나간 구독자보다 새로운 구독자가 적다면 채널은 어떻게 될까? 알 수 없었다. 그 전에도 많은 콘텐츠들을 새롭게 시작했지만 만족스러운 성과는 아니었고, 제작진의 의지도 조금은 꺾인 상태였다.

이 채널의 충성스러운 구독자들을 이탈시키지 않으면서도 새로운 것들을 만들어 내고자 하는 제작자들의 의지도 꺾지 않으려면 선택할 수 있는 대안이 별로 없었다. 아무리 맛있는 된장찌개라도 중식당에서 팔면 손이 잘 안 가는 것처럼, 이 채널이 차릴 수 있는 메뉴엔 한계가 있었다. 이른바 스핀오프, TV 콘텐츠와 똑같지는 않지만 TV에서 안정적인 인기를 구가하는 프로그램의 도움을 받아 조금 색다르게 꾸며 보는 방식으로 콘텐츠들을 만드는 방법이 있었다. 몇 편의 콘텐츠는 성공했지만, 꾸준하진 못했다. 주어진 틀이 있는 상황에서 변화가 확실하게 일어나긴 어렵고, 그것이 어느 쪽으로든 구독자에게 매력적으로 보이기는 어려울 수도 있다고 생각했다.

새롭게 도약해야 할 시기에, 새로운 시도들을 해야 할 시기에, 내가 온 것이 맞을까? 혼자 있는 것이 편하고, 회사와 일을 칼같이 구별하기를 원하고, 어떤 일들을 해야 하는지 모르는 초보 팀장이 이 일을 하게 된 게 큰 독이 되는 건 아닐까? 하지만, 이런 시기가 아니라면 내가 이 일을 해 볼 기회가 있을까? 이 상황을 어떻게든 견뎌 낼 수 있다면 나에게든 채널에든 좋은 결과로 이어지지 않을까? 매달 수지(收支)를 제출하며 손가락을 떨었고, 어쩌면 동기 중에 가장 먼저 나의 목이 타의로 달아날 수 있겠다는 생각에 눈이 깜깜해질 때가 여러 번이었다.

디지털은 사람들의 욕망이 투명하게 드러나는 공간이었고,

그러므로 내가 도피할 방법이 별로 없었다. 도파민으로 가득하고, 그것을 즐기러 온 곳이었다. 여기서 무언가 '좋은' 혹은 '유익한' 이야기를 하기는 쉽지 않겠다는 생각이 들었다. 하지만 반대로 오래 버티려면 한순간의 재미에만 의존해선 안 될 일이었다. 투자와 인내의 시간이 필요한데, 누가 좋지 않은 성적을 내는 사람을 기다려 줄까? 심지어 정량적인 지표가 즉각 나오는 곳인데. 지금은 좀 익숙하지만, 몇 없는 머리카락이 매달 뭉텅이로 빠지는 기분이었다.

벽은 생각보다 높았다

사건과 사고를 주로 다룰 수밖에 없는 시사 교양 프로그램 콘텐츠를 주로 공개하다 보니, 가장 많이 벽을 느끼는 건 '수익 제한 조치'다. 수익 제한이란, 이 콘텐츠를 통해서 광고 수익을 낼 수 없다고 플랫폼 운영사가 설정하는 것인데 한 번의 항소 조치는 할 수 있지만 결과가 바뀌지 않으면 그 콘텐츠는 제작 비용도 건지기 어려워진다. 가이드라인이 있지만, 사안마다 그 결과가 달라질 수 있기 때문에 매번 초조해지는 건 어쩔 수 없다. 매달 공개하는 영상이 많다면 상대적으로 이에 덜 민감할 수 있지만, 한 주에 한두 편 정도의 영상을 공개하는 상황에서는 자칫하면 그달의 사업 수익 가운데 25% 이상을 손해 보기도 한다.

표현의 수위 때문인 경우들도 물론 있다. 그럴 때마다 내가 무엇을 위해 콘텐츠를 제작하고 공개하는지 다시 되새기지만, 단순히 주제 때문에 제한 조치가 취해지는 경우도 드물지 않다. 사회적으로 유의미한 메시지를 던질 수 있기에 택한 콘텐츠임에도 수익이 나지 않는다면 채널을 운영하는 데엔 장기적인 도움이 되지 않는다. 수익이 없다고 해서 그 콘텐츠로 하고픈 말이 무의미한 게 아님에도, 운영자 입장에서 예정된 실패를 반복하기도 어렵다. 게다가 소속된 회사에서 취하는 조치라면 더 확실한 항의 의사를 표시하겠지만, 회사 바깥의 플랫폼에서 결정한 바를 항의로 뒤집는 일은 그리 쉽지 않았다. 심지어 제한 조치를 취한 명확한 이유를 알기도 어려웠다. 어떤 부분이 문제가 되는지 알려 주면 사실상 '검열'로 여겨질 가능성이 있기 때문일까? 이의 제기가 거부되었을 때 그 이유를 확인하기 위해 매번 지난한 채팅을 하는 수밖에 없었고, 그때마다 심신이 너덜너덜해졌다.

플랫폼은 창문인 동시에 벽이었다. 어떤 콘텐츠가 사람들의 타임라인에 더 잘 밀려들어 가는지, 그래서 관심 경쟁에서 승리할 수 있는지 명확히 아는 사람은 없었다. '알고리즘'이라는 문지기의 판단 기준을 맞추기 위해 다양한 방식으로 시도해 보았지만, 뾰족한 수는 없었다. 플랫폼에서 제공하는 각종 행사에 참여도 해 보고, 그들 조언대로 제목을 바꿔 보고, 썸네일도 바꿔 보고, 태그를 추가하는 등 (구글 애즈와 같은 광고 태우기를 제외하고) 채널 내에서 할 수 있는 시도들은 여럿 해 봤지만, 무엇이 정답인진 지금도 모른다. 영원히 그의 정체를 알 수 없는 건가 하는 생각에, 한동안 좌절감에 시달리기도 했다. 그래도 늘 그랬듯이, 우리는 효험이 있는 답을 찾기 위해 변모하는 수밖에 없었다.

큰 잔치에 모두가 하객일 순 없다

100만 구독자를 달성한다고 해도 갑자기 무언가가 크게 달라지는 건 아니다. 구독자만 늘고 정작 채널을 찾아오는 사람이 없어 수익이 나지 않는 채널도 많아서, 구독자가 많다고 항상 좋은 것도 아니다. 하지만 적어도 하나의 영상이 알림 설정을 해 둔 사람들의 타임라인으로 밀고 들어갈 확률이 높아지기도 하고, 100만 명이 되면 '골드 버튼'도 하나 더 주고…… 하니 구독자를 늘리는 건 필요하긴 하다.

큰 잔치에 모두가 하객일 순 없다는 말이 있다. 구독자가 늘면, 그중 누군가는 반드시 우리가 바라지 않는 사람이다. 콘텐츠의 내용이 어떤지에는 관심이 없고 그저 자기가 하고 싶은 말을 하려고, 상대방이 그 말에 충격을 받는 모습을 즐기려고, 사람들을 자신이 통제하고 있다는 데에서 오는 쾌감을 느끼려고 날카로운 말을 댓글로 다는 사람들도 필연적으로 는다.

지워야 할까? 그대로 두면 제작자들의 사기도 떨어지고, 콘텐츠를 즐기러 온 사람들도 불쾌해진다. 하지만 댓글을 다는 대로 지우면, 그 행위가 자기에 대한 인정이나 반응이라 생각할 수도 있다. 오죽했으면 몇몇 포털에서는 기사에 댓글을 다는 행위를 원천적으로 차단하기까지 했을까? 온라인 공간에서 건실한 대화가 이루어지리라는 희망은 오래전에 박살 났지만, 여전히 콘텐츠에 대한 즉각적인 반응을 얻을 수 있는 몇 안 되는 장소라는 데서 오는 딜레마를 벗어나기가 쉽지 않았다.

"악플"이 '무플'보다 낫다'는 말을 심심찮게 하지만, '악플'들의 악영향을 고민하지 않을 수 없다. 시사 교양 콘텐츠들은 결국 사람들이 사안에 대해 생각하고 고민하게 만들고자 생산되는데, 그 콘텐츠에 대한 반응이 마치 어디선가 들은 것 같은 알맹이 없는 조롱과 비난이라면, 그 콘텐츠는 제대로 된 목적을 달성한 걸까? 게다가 그런 내용들은 쉽고 빠르게 복제되고 확산된다. 그렇게 생각하는 사람들을 바꾸거나 없애는 게 옳지 않다면, 적어도 빠른 복제를 막을 수 있는 장치까지는 고민해 봐야 하지 않을까?

TV 콘텐츠를 보고 사람들은 예나 지금이나 비슷하게 생각했을 것이다. 온라인 공간에서 사람들은 더욱 바보가 되는 게 아니다. 그저 더 빠르고 확실하게 자신의 '무사유'를 전시할 수 있는 도구가 있을 뿐이다. '악플'을 다는 사람들에게는 댓글도 타인의 관심을 유발하기 위한 하나의 콘텐츠이고, 사람들의 이성을 마비시키고 감정을 자극하는 날카로운 말일수록 관심 끌기에 성공할 확률은 높다. 이대로 이 공간이 생각 없는 사람들의 놀이터가 되도록 내버려 두는 게 맞을까? 이용자에게 한없이 가까워지는 것만이 능사일까?

초보 팀장의 비애

여전히 모르는 것이 태반이지만 어쩔 수 없었다. 시청률이라는 것도 이번 방송의 성적이라기보다 지난주 방송의 기대치를 반영하는 것이듯이, 지금 내가 보고 있는 수익과 구독자는 그 전까지의 기대가 반영되어 있는 것일 터. 앞으로 계속 이 수준이 유지되리라는 보장은 없다. 실패를 하더라도, 벌고 있을 때 해야 덜 아프니, 무엇이든 하고자 했다. 그리고 앞으로 나아가는 데 가장 발목을 잡은 건 나였다.

서툴렀다. 규모가 작은 팀이라 구성원들의 개인 역량이 얼마나 잘 발휘되느냐에 따라 성과가 크게 달라지는데, 서로 다르게 살아온 사람들을 하나로 묶어서 최선의 결과가 나오게 하려면 팀장이 해내야 할 부분들이 많았다. 하지만 혼자 하는 게 익숙하고(그래서 TV 콘텐츠를 만들 때도 가능하면 소규모로 만들고 싶어 했다) 내성적인 인간이, 하루아침에 좋은 팀장이 될 리 만무했다.

이미 기틀이 잡힌 채널에 들어가면, 업무 공백은 필연적으로 발생한다. 원래 하던 방식이 아닌 새로운 방식으로 일을 굴리려고 하는데, 그 경우 예상치 못한 장애물이 등장한다. 기존에는 적합한 업무 태도나 지시 방식이 더 이상 적절하지 않을 수도 있다. 만약 사람이 그렇다면? 함께 앞으로 나아가야 할 동료와 어깨를 같이 결지 말지 고민해야 한다면?

게다가 팀장이 일을 모르면 팀원에게 일을 시킬 수 없고, 시키지 않으면 보통 일은 잘 돌아가지 않는다. 무엇을 해야 할지 모르는 상황에서 스스로 나서서 일을 찾아내라는 요구가 얼마나 황당한지는, 우리들 대부분이 팀원이었으므로 안다. 하지만 팀원이 무엇을 잘하는지도 모르니 누구에게 맡길지도 모르고, 스몰토크가 모든 것을 해결해 주지도 않았다.

제작 일정을 짜고 스태프를 구성하는 과정에서 너무 많은 것들이 시간의 공백 속으로 사라져 버렸다는 사실을 깨닫자, 3년간의 공백이 뼈저리게 느껴졌다. 제작 현장을 떠나 있는 사이 함께 일하던 사람들은 새로운 일자리를 찾아 떠나거나, 일을 그만두었다. 새롭게 일하게 된 사람들은 알 기회가 없었다. 적합한 사람을 찾기 위한 레퍼런스 체크조차 쉽지 않았다. 사람으로 굴러가는 게 방송인데, 나에겐 사람이 없었다. 팀장으로서 사람이 없다는 건, 지금의 팀원들을 힘들게 만드는 요소였다.

그렇다고 주저앉아 울 수만은 없었다(물론, 조금 길게 앉아 울었다). 자책은 계속했지만, 그게 길어지면 역시나 민폐였다. 할 수 있는 것부터 했다. 충동적인 인간으로서 가장 자신 없다고 생각했던 계획 짜기부터 했다. 기억력이 좀 나쁘고 산만한 내가 불안해서 적어두기로 했다. 나중에 가서 '이거 하기로 했는데 왜 안 했어?' 같은 소리를 하기는 싫었다(여전히 하긴 했다). 지금까지 한 것들, 지금 하고 있는 것들, 앞으로 할 것들을 분류해 진척 상황과 결과를 공유했다. 기획안이나 제작 과정을 공유 문서를 통해 실시간으로 제공하고 둘러볼 수 있게 했다. 워낙 생각이 헝클어져 있어서 이렇게 하지 않으면 끊임없이 헛소리를 할 거라고 생각했기 때문이다(안 할 리는 없었다).

시행착오가 계속되었다. 공유 문서를 제때 업데이트하지 않아서 생각과 지시가 서로 일치하지 않는 상황이 벌어지기도 하고, 공유 문서만 올려놓고 무엇을 어떻게 보라는 구체적 지시를 하지 않아 나중에 보면 내용 숙지가 안 되어 있는 경우도 있었다. 최대한의 사회성을 발휘하긴 했지만 간섭을 싫어하는 성향 탓에 비판이든 피드백이든 망설이다가 전달할 때를 놓치는 경우도 잦았다. 내가 가르침을 받는 게 싫은 만큼 팀원들도 스스로 배우길 원했지만, 사람에 따라선 붙잡아 두고 옆에서 잔소리를 해 대는 게 더 편할 수 있다는 것도 뒤늦게 알았다. 뭘 고민하고 무엇을 발전시키고 싶은지 제대로 확인하지 못해 끝내 떠나보낸 사람도 있었다. 호기롭게 시작했다가 용두사미가 된 시도들도 여러 번이었다.

그럼에도 불구하고 어떻게든 해야지

그사이 채널의 성장은 지지부진했다. 새로 공개한 콘텐츠들이 계속 실패하고, TV 콘텐츠의 인기가 떨어지면서, 원래 예상했던 시기보다 훨씬 늦게야 구독자 100만 명을 넘어섰다.* 그러니 성과를 이야기하자면 변변찮다. 다만 그사이에 초보 팀장으로서 얻은 경험은 있다. 싸움을 회피하는 것이 능사는 아니라는 것, 책임은 나눌 수 없다는 것, 그리고 좋은 사람이 꼭 좋은 팀장은 아니라는 것. 단절에 조금 더 익숙해지고, 맺고 끊음을 명확하게 해야만 결과가 더 낫다는 것.

팀장 혼자 할 수 있는 건 없었다. 팀장의 능력이라는 건 결국 팀원들의 능력이다. 그들이 무엇을 원하고 어떻게 발전하길 원하는지 알고 싶으면 결국 그 마음으로 들어가는 수밖에 없다. 듣기 싫은 말이라도, 보기 싫은 표정이라도 곁을 내주지 않으면 알 수도 없다. 함께해야 조금 더 멀리 갈 수 있다면, 어떻게 해야 함께할 수 있을지를 고민해야 한다. 처우 문제나, 의욕 문제와 같이 먼저 물어보지 않으면 그들이 대답하기 곤란한 이야기가 무엇인지 끊임없이 파악하는 게 팀장의 몫일 거다. 나는 너무 늦게야 그 말을 이해했다.**

오래 누워 있었다. 이제는 움직여야 한다. 한 번도 해 보지 않은 일을 선택한 것도, 결국 조금 더 움직여 보고 싶었기 때문이지 않나. 고통을 받아들이는 것을 멈추면 성장도 끝난다. 달려야 한다. 어쩌면 오늘이 그 달리기를 다시 시작하게 되는 날이 될지도 모르겠다.

- 이 책이 나오기 전인 3월 말, 구독자 100만 명을 넘겼다.
- 이것도 실은, 내가 면접관으로 들어간 자리에서 마지막으로 하고 싶은 말이 있느냐고 면접자들에게 물어봤을 때 하나같이 '계약 형태가 프리랜서냐?'라고 되물어 왔다는 사실을 뒤늦게 떠올리고 부끄러워졌기에 쓴다.

∞,
그래서
뭘
말하고
싶었냐면

| | | | | | |

그렇지만 나는 완전히 지워지고 싶지 않았다. 항거하며 나의 문장과 문체를 고수할 용기는 없었지만 그렇다고 '나'라는 사람이 없는 글을 쓰는 일만으로 인생을 채우고 싶지 않았다.•

자기 자신에 대해서 글을 쓰는 사람들은 어느 정도는 거짓말에 능숙해진다. 어느 기억이든 특정한 장면들은 세세한 부분들까지 선명하게 떠오르지만, 그 앞과 뒤는 마치 안개 속에 있는 것처럼 시작도 끝도 알기 어렵다. 과거를 떠올리는 일은 안개 속에서 올바른 방향을 찾겠다는 헛된 시도에 가깝다. 그리고 결국 우리는 어디인가로 이어지는 듯한 길을 찾고는 그때에도 같은 길을 걸었으리라 상상한다. 스스로의 삶을 복기하면서 그런 거짓말 없이 긴 글을 쓸

• 곽아람, 『쓰는 직업: 20년 차 신문기자의 읽고 쓰는 삶』, 마음산책, 2022, 19쪽.

만한 능력을 갖춘 사람은 드물 것이다. 초판을 다 털어 낼 수 있을 만큼의 독자를 확보할 수 있다면 그럭저럭 거짓말은 효과를 본 것일 테다.

자전적인 글엔 지난한 자기 검열의 흔적이 남아 있다. 이 말은 누군가에게 상처가 될 것임을 알기에 하지 않거나, 구태여 알아듣기 힘들 정도로 문장을 꼬고, 상처를 낼 것을 예감하면서도 과감하게 문장을 긋기도 한다. 숨겨진 칼날의 방향과 강도가 저자가 무엇을 예민하게 생각하는지 알 수 있게 만드는 단서다. 삶을 다룬 글은 그 단서들을 역으로 추리해 그가 '살'을 날리는 곳이 어디인지를 캐내며 즐길 수 있다. 이 글이 누군가에게 '즐거움'을 줄 수 있다면, 나는 꽤 적절한 '구라'를 풀어낸 건지도 모른다.

아름다운 문장들이나 깊고 훌륭한 생각들을 녹여 내겠다는 당초의 포부는 온데간데없고, 끊어진 장면들 사이를 어떻게든 이으려 안간힘을 쓰다가 시간을 보냈다. 일에 지쳐 기록을 게을리했던 나를 매번 원망했다. 기억을 떠올릴 수 있는 무엇이라도 있으면 '사이코메트리'라도 해서 그 내용을 채울 수 있기를 간절히 바랐다. 대부분은 실패로 돌아갔고, 아주 작은 조각들만이 떠내려가지 않고 남아 여기 문장으로 새겨졌다.

스스로가 바보 같아서 몇 번이고 글쓰기를 그만두려고 했다.

하지만 약속을 저버릴 용기는 없었다. 그리고 지금이 아니면, 남아 있는 모든 기억도 흩어져 버릴 것 같았다. 그러고 나면, 나라는 사람이 무엇인지 대답할 수 없을 것 같았다. 이 삶도 발언할 권리는 있다고 생각했다. 불안감에 시달려 걱정만 하느니, 쓰고 나서 정면으로 맞이하는 게 낫겠다 싶었다. 그래서 주절거렸다. 아니 에르노도 그렇게 말하지 않았는가. 잘 쓰려고 하는 대신 정직하게 쓰기 위해 고군분투하라고.

역마살 낀 떠돌이 인생

    10년 안팎으로 제작의 안과 밖을 떠돌아다녔다. 어떤 조직이든 그 조직에 오래 몸담고 헌신할 이를 우대한다. 이직과 전직이 자유로워진 시대라고 해서, 조직 운영자들의 생각이 크게 달라졌다고 보긴 어렵다. 특히나 부서별로 천차만별의 분위기를 지닌 곳이라면 더더욱. 책임과 노동 강도에 대한 생각이 근본적으로 서로 다른 부서들을 옮겨 다니면서, 나는 어느 쪽에도 속할 수 없는 사람이 된 것은 아닐까 고민했다.

    그래도 장점이 있다면, 중심으로부터의 거리감을 알게 되었다는 것이다. 애초에 내가 어느 조직에 온전히 소속되기 어려운 존재임을 뒤늦게 깨달았다는 의미이기도 하다. 창작에 대한 욕심은 있지만, 동시에 여러 사람과 함께 일하는 것을 버거워하는 인간. 어느 쪽으로든 무언가 결격 사유가 있는 그런 인간이었다는 점을 받아들이고 나서야 나는 어느 정도 자유로워졌다. 대학원에 가겠다는 나를 괜히 말렸다며 후회한다던 선배의 말을 이해하면서도, 어차피 그곳에서도 똑같은 고민을 하고 있었을 테니 큰 차이는 없었을 거 같다고, 이제는 대답할 수 있다.

주변부에 있다는 것은 경계와 가깝다는 것을 의미한다. 바깥도 안도 아닌 애매한 자리, 하지만 그렇기에 고유한 시선이 깃들 수 있는 자리를 자의든 타의든 대부분은 경험하기 마련이다. 우리는 대부분 비슷하게 잘나거나 못났고, 특별한 몇몇을 제외하면 중심부가 아닌 주변부에서 중심을 바라보는 삶을 산다. 주변부에 오래 거주하면서도 끝내 중심부로 들어가기 위해 중심의 시선을 체화해야 할 필요가 있을까? 어쩌면 우리가 오래 머물러야 하는 곳이 우리의 자리라고(이 시리즈 제목처럼) 받아들이고, 이곳에서만 보이는 풍경을 정교하게 묘사하는 쪽이 더 가치 있지 않을까.

여기 쓴 모든 문장은 어쩌면 무의미하다. 비대한 자의식의 발로일 수도 있고, 자신이 처한 곤란한 상황을 정당화하기 위해 주변을 식민화하는 시도일 수도 있다. 너나 그렇지 다른 사람들은 열심히 산다는 말도 일리가 있다. 이 문장들은 분명한 사실이나 견고하게 고정된 시점에서 사유한 결과물이라기보다, 흔들리고 떠밀리는 보통의 사람이 내뱉는 탄식과 답답함으로 이루어진 파편의 조합이다. 중요한 것은, 어느 자리에서든 말하는 것이다. 그래서 말하기로 했다, 무엇이든.

방송의 '생산'을 들여다보기

방송이 더 나은 세상을 위해 뭔가를 할 수 있을까. 방송도 결국 사람이 하는 일인데, 그런 마음을 먹고 덤비는 사람들이 줄어들면 불가능하지 않을까. 좋은 방송을 내놓으면 세상을 바꿀 수 있으리라는 믿음이 있었다. 그러나 10년 넘게 일하면서 프로그램의 '생산'이라는 것이 단순하지 않음을 느꼈다. 그리고 만들어 낸 상품으로서의 프로그램이 꼭 원하는 대로 소비되지는 않는다는 것도.

학교에서 배웠던 저널리즘, 방송에 대한 내용 가운데 빠져 있었던 건 생산 과정의 지난함이었다. 최근에는 '생산 연구'라는 입장에서 프로그램의 제작 과정에 다양한 영향을 미치는 방송사 내외의

역학 관계, 제작자의 심리와 장기간의 훈육, 그리고 그로 인해 형성되는 제작 부서의 문화, 제작 과정에 참여하는 다양한 관계자들의 이해득실의 문제 등에 대한 연구가 눈에 띄지만, 학교 다닐 땐 그런 것들을 몰랐다. 말 그대로 레버를 돌리면 나오는 '가챠폰'(ガチャポン. 장난감 뽑기 기계) 정도로 이해했다는 거다.

여전히 사람들은 그렇게 이해하지만, 현실은 단순하지 않았다. 어째서 조직은 영향력이 큰지, 누구 하나의 의도가 아니라 조직적 차원에서 결정되는 게 많은지를 몰랐다. 앨버트 허시먼의 『떠날 것인가, 남을 것인가』를 찾아 읽게 된 것도, 그런 힘들을 몸소 느꼈기 때문이다. 노동자 개인이 할 수 있는 선택은 무엇이 있는가, 그리고 그런 선택에 의미나 영향력을 부여할 수 있는가, 만약 그렇지 않다면 나는 어떤 선택을 해야 하는가.

지나온 모든 '생산' 과정에 대한 일종의 '두껍게 쓰기'를 시도하고 싶었다. 바깥에서는 잘 보이지 않는, 하지만 안에서도 명료한 언어로 표현되지 않는 '알력'들에 대해 방송 노동자로서 한 개인이 느껴 왔던 바에 대한 에세이를 쓰고 싶었다. 그렇기 때문에 두 가지가 중요하다. 하나는 이것이 절대적인 진실이 아니라는 점이다. 어쩌면 완벽하게 조직에 적응하지 못한 사람의 시선에서만 보이는 바가 있겠지만, 그것이 왜 하필 그에게만 보이는가에 대해서 묻지 않는다면 아웃사이더의 시선이 절대화될 가능성이 높다. 그러니 그것은 사실이라기보다 특정한 위치에서의 관찰에 불과하다.

다른 하나는 바로 그렇기 때문에 누군가에 대한 비난이 아닌, 관찰의 결과물로서 받아들여 주길 바란다는 점이다. 조직이란 누군가 한 명이 깽판을 칠 수 있는 구조가 아니고, 그렇기 때문에 역으로 매우 보수적이면서도 안정적일 수 있음을 그 안에서 느꼈다. 레거시 미디어엔 완고하게 자리 잡은 조직 문화, 의사 결정 방식, 방송 아이템 선정 과정에서의 비의도적인 편향 등의 퇴적물이 높게 쌓여 있어서, 한두 사람의 깽판으로 조직 전체가 불안정해지지 않는다. 그러니 이것을 누군가의 잘못이나 악의로 이해한다면, 그때부터 생산물에 대한 이해는 사실상 불가능해진다.

쓰는 사람은 어떤 자격이 필요한가. 그리고 그가 바라보는 대상은 얼마나 객관적인가. 나는 두 가지 다 명료하게 대답하기 어렵다. 조직 내에서 여러 부서를 전전했고, 그때마다 회사를 바꾼 것 같은 경험을 했다. 적응할 시간도 여건도 부족한 사람이 조직의 문화에 대해 비판적 시선을 가지게 되었다면 조직 문화 자체에 문제가 있는 걸까, 아니면 적응력 부족한 사람이 그저 징징거리는 걸까. 아마도 그것은 쓴 문장들을 읽은 후에 결정되지 않을까.

책을 쓴다고 했을 때 가장 걱정된 건, '네가 뭔데 쓰냐'는 힐난

• 앨버트 O. 허시먼, 『떠날 것인가, 남을 것인가: 퇴보하는 기업, 조직, 국가에 대한 반응』, 강명구 옮김, 나무연필, 2016.

이었다. 책을 쓰려고 메모들을 쭉 늘어놓으면서 그 힐난에 분명히 일말의 진실이 있다고는 생각했다. 크게 인기를 끈 작품도 없고, 회사에 없으면 안 되는 존재도 아니다. 그렇다고 회사 바깥에서 이름이 알려진 것도 아니다. PD라면 으레 하나쯤 있을 아삼륙 작가도 없고, 부서를 옮겨 다니느라 과거의 스태프들과도 소원해졌다. 그렇다고 사람을 잘 챙기는 것도 아니어서, 스스로가 함께 무언가를 도모할 만한 사람이란 생각은 안 한다. 그사이 회사엔 신입 사원들이 늘어났고, 나는 그들 대부분을 모른다. 밖에서 보면 다 한통속이지만 이곳도 조직이고 조직엔 언제나 주변부로 밀려나는 사람이 있다. 자의든 타의든 나는 그런 정도의 인간이라는 생각을 지울 수 없었다. 그러니, 나는 무엇을 말할 수 있는 것인지 스스로 물었다.

꾸준히 글을 쓰고, 꾸준히 기획안을 쓴다. 그러나 결과가 없는 사람이 할 수 있는 말이 뭐가 있을까? 가끔씩 문장들이 나를 공격하는 꿈을 꾼다. 네가 한 말들을 너는 지키니? 네가 한 것도 없이 쓰는 글들이 너를 경멸하지 않니? 한 분야에서 자신만의 영역을 확보한 사람들에게 너의 말이 얼마나 우스꽝스럽게 들릴지 알면서도 너는 책을 쓴다고 했던 거니? 그런 알량한 자신감은 어디에서 나왔니? 아침에 일어나면 자리가 땀으로 흥건했다. 어느 날부터 꿈을 꾸지 않았는데, 나이가 들수록 다시 꿈이 나를 누르고 있는 게 느껴진다. 그럴 때마다 더 깊이 침대 안으로 꺼져 들어갔다.

우연히 서점에서 마주한 류이치 사카모토의 칼럼집 『나는 앞으로 몇 번의 보름달을 볼 수 있을까』•를 읽으면서 떠오른 건 밴드 키린지의 음악 〈시간이 없어(時間がない)〉였다. "앞으로 몇 번, 당신과 만날 수 있을까. 앞으로 몇 곡, 만들어 낼 수 있을까. 앞으로 몇 번, 식사를 할 수 있을까, 오늘이 마지막일지도 몰라"라는 가사로 시작하는 노래인데, 짧은 출근길을 매일 이 노래로 시작한다. 진짜로 오늘이 마지막일지도 모르니까.

오늘이 마지막일지도 모른다는 태도는 파스칼 메르시어의 『리스본행 야간열차』••의 주인공 아마데우 드 프라두가 삶을 대하는 태도이기도 했다. 항상 다른 사람이 원하는 대로의 삶을 살다가 시한폭탄과도 같은 동맥류를 앓는다는 사실에, 그는 삶의 태도를 바꾼다. 오늘이 마지막이라고 생각한다면 지금 원하는 대로 살기를 선택해야 하는 게 아닌가. 그는 마음이 내키는 대로, 독재 정권에 저항하는 레지스탕스가 되고, 사랑하는 여자와 함께 떠나기를 감행한다. (그렇다고 레지스탕스를 꿈꾸기엔 나는 너무나 모범생이라서…….)

다시 사카모토의 칼럼집으로 돌아가면, 내일도 오늘처럼 계

• 류이치 사카모토, 『나는 앞으로 몇 번의 보름달을 볼 수 있을까』, 황국영 옮김, 위즈덤하우스, 2023.
•• 파스칼 메르시어, 『리스본행 야간열차』, 전은경 옮김, 비채, 2022.

속되리라는 믿음은 약간 자포자기 상태를 만든다. 딱히 지금 우연한 기회를 받아들여야 할 이유가 없기 때문이다. 굳이 오늘이 아니어도 괜찮으니까. 하지만 내게 남은 시간이나 기회가 별로 없다면, 가장 하고 싶었던 일들을 하지 않을까. 그의 마음을 헤아릴 방법은 없지만, 그는 담담하게 삶에 끝이 있음을 받아들였고, 다양한 일들을 하며 남은 시간을 꾸렸다. 때로는 젊은이들보다 미래를 믿지 않는 노인들이 다채롭다. 미래를 믿지 않는 형형색색의 노인으로 늙어 가고 싶다.

다시 생산물로 돌아가면……

생산물로서 '프로그램'은 세 개의 시선이 교차하는 장소다. 하나는 바깥에서 안으로 침투하는 시선이다. 프로그램은 언제나 누군가의 시선 앞에 놓이기 위해서 만들어지기에, 이 시선은 프로그램의 존재 이유 그 자체다(시선을 붙잡지 못하는 프로그램의 운명은 얼마나 가혹한가). 하지만 프로그램은 생각보다 불투명해서, 바깥에서 바라보는 것만으로는 안이 다 보이지 않는다. 굳이 안을 들여다볼 마음이 없다면 말리진 않지만, 그렇게 말하는 사람들이 프로그램을 제대로 보고 있다고 믿지 않는다.

다른 하나는 안에서 바깥으로 확산되는 시선이다. 프로그램은 그것을 만들어 내는 사람들의 집단적인 의지의 표현이기도 하니까. 이것이 세상에 있어야만 하는 이유가 있다고 열정적으로 들러붙는 사람이 없다면 프로그램은 존재하지 않는다. 하지만 이 시선에 매몰되면 마치 자신이 프로그램의 처음과 끝을 장악하고 있다는 착각을 한다. 프로그램의 바깥이 불투명한 것처럼, 프로그램의 안도 실은 불투명하다. 때때로 프로그램은 생산자(들)의 의도와는 다르게 읽힌다.

마지막 시선의 자리는 경계면에 있다. 안팎의 어느 한 점에만 있으면 프로그램이 마치 어떤 강력한 의지를 가진 개인이나 집단이 생산한 것처럼 오해하기 쉽다. 그러나 현실에서는 프로그램의 최종 심급이란 언제나 불투명하고, 이것이 심지어 만든 사람의 의도를 완전히 배반하기도 한다. 그리고 이런 일은 어떤 예외나 돌발적인 상황이라기보다는 상시로 일어나는 일종의 제도화된 관행이라는 것을, 만드는 사람도 보는 사람도 자주 놓친다.

프로그램은 일종의 재구성된 현실이다. 어떠한 사태를 있는 그대로 거울처럼 비추어 세상에 전달하는 게 아니라, 제작 과정에 영향을 미치는 다양한 집단의 권력관계 사이에서 비틀거리며, 어쩌면 훈련의 결과일지도 모르는 제작자 개인의 가치관과 조직 문화 사이에서 삐걱대고, 명문화된 규제와 불문율의 압착기를 통과한 이후에 완성되는 생산물이다. 의도가 있지만 온전하지 않고, 수용은 자유롭지만 한계가 있다.

수많은 텍스트 분석은 텍스트 생산자가 텍스트에 자신의 관념을 불어넣는다는 전제 아래에서 이루어진다. 하지만 앞에서 이야기한 것처럼, 대부분의 텍스트는 그 누구의 것도 아니다. 심지어 가장 급진적인 사상을 가진 이도 주어진 환경 안에서 이리저리 흔들리다가 정체불명의 상품을 생산할 수 있다. 다만, 바깥에서 안으로 투사하는 시선은 언제나 불투명할 수밖에 없고, 그렇기 때문에 만드는 사람들의 목소리가 있다면 그 불투명함을 어느 정도 해소할 수 있다(그러나 그조차도 텍스트 해석의 절대적 권리가 있지는 않다).

문제는 영상을 만드는 사람들은 자신들이 영상을 통해 말해야 하며, 말로써 남겨서는 안 된다는 기묘한 의식을 지니고 있다는 점이다. 사실상 무엇이 말해지고 또 무엇이 남느냐는 자신들의 통제 범위 바깥에 있음에도 불구하고, 마치 자신이 모든 것을 손에 쥔 것 같은 태도로. 그렇기 때문에 불투명함은 배가된다(물론 남은 말이, 영상의 의도를 적절하게 설명한다고 하더라도 그것이 영상 내에서 효과적으로 표현되지 못했다면 언제나 보충적 수단으로만 존재하겠지만).

영상에 모든 것을 내던졌다고 하더라도, 제작자는 거기에 대해 언제나 말할 것이 남아 있다. 그것을 표현하지 않는 것은 겸양이라기보다 자신이 생산한 상품에 대한 최소한의 영양 성분 표기조차 하지 않는다는 것을 의미한다. 그런 점에서 제작자들은 더욱 많이 말해야 한다. 특히나 자신들의 독해를 언제나 옳은 것으로 여기고 유지하는 유독한 독자들의 세계가 되어 갈수록, 해석에 대한 권한을 온전히 독자의 것으로 남겨 둬선 안 된다는 것이다.•

그럼에도 불구하고, 시청률이라는 기준은 이 모든 욕구를 좌절시키는 권력이다. 언제나 엇나갈 수 있는 해석으로 인해서 불똥을 맞게 되면, 자신의 방송뿐만 아니라 주변 사람들에게도 미치는 영향이 상당하기 때문이다. 그렇기 때문에 기묘한 결합이 등장한다. 자신의 영상으로 모든 것을 말했다고 하면서 작품의 완결성을 과감하게 추구하지만, 정작 작품의 해석에 대해서는 권한과 책임을 방기하며 시청률에 방해를 받지 않고자 신경 쓰는 조심스러움. 나는 이 모순된 결합이 어떻게 만들어지는지, 그 힘이 궁금했다.

바깥으로 나선 것은 아니지만, 언제나 주변부의 자리에서 맴돌았다. 그리하여 나는 중심에 위치한 사람은 굳이 고민할 필요가 없는 것들을 쓸데없이 고민했다. 물론 대부분은 중심에 서지 못하고, 나와 (이유가 어떠하든 간에) 비슷한 자리에서 살아갈 것이다. 주

• 물론 PD만이 프로그램에 대해 말할 수 있는 것은 아니다. 제작에 참여한 모든 사람은 작품에 대해 이야기할 권한이 있고, 그래야 한다.

변부의 사람 중 하나의 시선일 뿐이지만, 여기저기 옮겨 다니면서 고민하고 생각했던 바들(생산에만 몰두했다면 아마도 불가능했고 불필요했을)을 적었다. 그러므로 이것은 사실 필요 없는 문장들일 수도 있고, 사라질 문장일지도 모른다. 옳아서 혹은 정당해서 쓰는 이야기가 아니라, 말 그대로 눈을 돌려 본 경험을 남겨 두었을 뿐이다. 방송사 내부에서 옮겨 다니면서 떠올렸던 생각들을 적었다. 두서없겠지만, 언젠가 누군가 비슷한 자리에서 비슷한 고민을 할 때 한 번은 떠올려 보면 좋겠다고 생각했다. 그렇다면 내 할 바는 다 한 것이다. 그리고 틀리다면, 당신이 옳다. 당신이 말하라.

+. 감사의 말

얼마 전 10㎞ 달리기를 했다. 1시간 14분 정도 걸렸다. 시속 8.08㎞ 정도니까 그렇게 빠르진 않다. 아내는 나보다 7분 정도 빨리 들어왔다. 고비는 있었다. 3㎞부터 먼지가 풀풀 이는 흙길이었고, 그 뒤로는 경사가 심한 언덕길이었다. 중간중간 뛰기를 멈추고 빠른 걸음을 걸으며 숨을 돌렸다. 기록보단 완주가 중요했다. 군대에서 발목이 부러지고, 인대가 끊어진 후에 처음으로 긴 거리(내 입장에서)를 뛰는 데 성공하고 싶었으니까. 나도 어쨌든 다시 뛸 수 있는 사람이라는 것을 증명하고 싶었으므로. 그간의 재활이 끝내 결실을 맺었다는 사실을 확인하고 싶었기 때문에.

나도 다시 뛸 수 있다고 이야기해 준 사람들에게 감사하다. 책 쓰기는 달리기와 같아서 고비가 많았다. 중간중간 넘어질 때마다 붙잡아 준 사람들이 있었다. 아내 김연희에게 감사를 표한다. 애초에 달릴까 말까 고민할 때 뛰라고 한 사람이고, 쓸까 말까 할 때 그냥 쓰라고 해 줬다. 나는 그 과단성이 부럽다. 운전할 땐 좀 덜 과감했으면 좋겠지만. 편집자 지다율에게 감사를 표한다. 그는 지나칠 정도로 늘어지는 문장을 요령 있게 다듬었고, 대답 없는 글쓴이를 끈질기게 기다렸다. 나는 그의 인내심을 본받고 싶다.

기자 조문희에게 감사를 표한다. 그는 지난 몇 년간 나의 꼬여 있는 문장들을 보면서도 단 한 번도 화를 내지 않았다. 나는 그의 아름답고 날카로운 문장들을 질투했는데, 그가 어쨌든 먼저 책을 냈으므로 나는 좀 더 편안히 질투할 수 있었다. 10년 가까운 시간 동안 주말 책 모임을 유지해 준 세 사람에게 감사를 표한다. 생업으로 바쁜 와중에도 어떻게든 책을 읽어야 한다는 강박을 심어 준 덕분에 덜 멍청할 수 있었다. 이동원과 김가람에게도 감사를 표한다. 우리가 하는 일의 이상하고 기괴하며 미쳐 있는 측면들을 이해하는 동년배 PD들이다. 고등학교 때부터 함께 글을 쓴 서기슬에게 감사한다. 교실 맨 뒤에 앉아 글을 쓰던 날부터. 책을 쓰라고 응원해 준 사람들 덕분에 쓰기 시작했고, 책을 뭣 하러 쓰냐고 비난하는 사람들 덕에 마무리했다. 어느 쪽이든 동기를 북돋아 준 거라면 뭐, 상관없는 거 아닌가?

편집자 코멘터리

고통 구경하는 사회를 구경하는 고통

"네가 더 불행했으면 좋겠어."

'시' 쓰는 기자가 되고 싶어 합평(후 폭음)을 많이 하던 시절, 문우들(이라고 한때 믿었던 사람들)은 서로에게 그런 말을 '덕담'이랍시고 종종 건넸던 것 같다. 최대한 선해(善解)해 보자면, 그 말은 곧 '네가 더 치열하게 고민하고, 더 뜨거운 글을 써 주길 바랄게' 정도의 뜻이 아니었을까 싶다. 그때의 나는 그저 놀랍고 신기했을 뿐이지만. 아무튼 그 모임의 회원들 대부분은 자주 우울을 호소했고(말로든, 글로든), 나는 나의 우울을 그저 삼켰던 것 같다(말로는. 글로는?). 이런 건 말해 봐야 별 소용없다고 믿는 쪽이었으므로.

이것은 나에게 하나의 원체험일 수도 있을까. 아주 짧은 기자 '체험'과 오랜 미련의 시기(時期? 猜忌?), 그리고 (유사) 출판인이자 연구자(지망생)인 현상태, 아니 그저 한 명의 일반 시민이자 콘텐츠 소비자로서의 내 자아를 관통하는 쾌락과 자책의 원천은, 결국 타자의 불행과 고통이 아니었던가. 이른바 '이야기'가 되는 이야기는, 그게 뉴스든 문학이든 하다못해 온라인 커뮤니티 글이나 SNS 게시물이든, 당사자가 고통스러울수록 사람들의 관심과 흥미를 많이 끌지 않는가. 그리고 이것은 오래된 전통일 것이다.

생각해 보면, 미디어 지형(출판이고, 방송이고)이란 게 대체 언제 좋았는지는 잘 모르겠는데, 최근 들어 급격히 나빠지고 있고 또 앞으로도 좋아질 리는 별로 없을 것 같다. 그래서, 우리는 포기해야 하는가. 손 놓고, 그저, 관망해야 하는가. 깊은 무력감 속에서, 나는 지난 5월 2일, 인스타그램에 이런 말을 남겼다.

> 내일은 5월 3일, 세계 언론 자유의 날입니다. '입틀막' 정국
> 속에서도, '기레기' 소리를 들어 가면서도, 사양 산업인 걸
> 알면서도, 자기 자리를 꿋꿋이 지키는 언론·출판인들이 있습니다.
> 그런 사람들 덕분에, 우리의 자리도 가능하다고 생각합니다.
> 동시에, 우리가 있기에 그런 사람들도 자리할 수 있는 것이겠지요.

그러니 더 많이 감시하고, 더 많이 응원할 필요가 있는 것 같습니다.

출판공동체 편않은 이들의 목소리를 전하기 위해, 2022년부터 언론·출판인 에세이 시리즈 〈우리의 자리〉를 펴내고 있습니다. 현재 5종(『박정환의 현장』, 『손정빈의 환영』, 『고기자의 정체』, 『믿기자의 고심』, 『황보람의 저니』)을 출간했으며, 서울국제도서전에서 소개할 여섯 번째 책을 준비하고 있습니다. 앞선 책들은 모두 (전·현직) 기자들의 이야기였는데, 이번엔 처음으로 방송사 PD의 목소리를 담았으니, 또 새롭게 기대하셔도 좋습니다. 올 하반기에는 두 권 더, 방송 기자와 출판인(이것도 처음입니다)의 책도 낼 예정이니, 많은 성원 부탁드립니다.

사실, 조금, 많이, 힘이 듭니다. 모두 알고 싶지 않겠지만, 다들 앓고 있지요. 그러니, 우리, 서로, 힘이 되어 줍시다. 힘을 줍시다.
(2024.05.02.)

조금, 많이, 힘이 들지만, 더 많이 감시하고 더 많이 응원하기 위해, 한 권의 책을 또 펴낸다. 앞서 말했듯 이 시리즈의 첫 PD 책인데, 확실히 기자들과는 다른 고민이 담긴 좋은 글이 나왔다. 〈우리의 자리〉를 시작하기 참 잘했다고, 다시 한번 각오하듯 생각한다.

PD 오학준은 주변이라는 위치를 자처('自處'의 여러 뜻에, 나는 또 금세 숙연해진다)하고, 항상 거기서부터 출발하는 듯하다. 고통을 구경하는 사람들을 쉽게 만족시키지 않으려고, 고통을 구경하는 작품을 생산하지 않으려고, 노력한다. 그러한 세태의 중심으로부터 멀찍이 떨어져 거리감을 획득하되, 절대 눈 돌리지 않는 자세. 끊임없이 멀어지며 가라앉으면서도, 곁의 이웃들을 위해 공양(供養)하는 태도. 그래서, 구경은 구경(究竟. 불교에서 말하는, 가장 지극한 깨달음)이 될 수 있을 것인가.

　카메라를 든 사나이(지가 베르토프?)를 머릿속에 그려 본다. 손자를 먼저 떠나보낸 할머니를 찍으면서, 아버지에게 학대받는 아이를 찍으면서, 그리고 심지어 방랑과 편성의 시간에 무언가를 찍지 않으면서, 그는 어떤 생각을 하고 또 어떤 감정을 느꼈을까. 나는 마침내 그려 낸다. 아, 기도(祈禱? 企圖?)하고 있구나, 구도(求道? 構圖?)하고 있구나. 누군가에게 카메라는 그저 사물이자 기계일 뿐이지만, 누군가에게 그것은 묵주(默珠)이자 염주(念珠)인 것이다.

　그래서 나는, 인간 오학준이 덜 불행했으면 좋겠다. 그래서, 다른 사람들을 행복하게 만들고, 끝내, 더불어 행복하기를 바란다.

다시, 여름 속에서,

허덕허덕, 조마조마,

지다욀 흐름.

저자 **오학준**

12년간 방송사 이곳저곳을 전전하며 다양한 일들을 경험해본 교양국 아웃사이더. 정규 프로그램과 신규 프로그램에서 쓴맛과 단맛을 모두 보고, 편성 부서를 거쳐, 지금은 디지털 콘텐츠 제작 부서에 있다. 주기적으로 『PD저널』에 독후감을 썼지만, 느리고 글이 길어 편집자를 애태우기 일쑤였다. 이 꼴이 된 건 학창 시절 에르네스토 라클라우와 샹탈 무페의 『헤게모니와 사회주의 전략』을 접해서라고 믿고 있다.

편집자 **지다율**

출판공동체 편않에서 책을 만들며 저널리즘스쿨 오도카니를 운영하고 있다. 언제부턴가, 여름마다 『죽음의 한 연구』를 읽는다. 언제쯤, 우리는 『자본』을 통과(痛過)할 수 있을까.

편집자 **김윤우**

출판공동체 편않에서 기획 및 편집 등을 맡고 있다. 크지도 작지도 않은 출판사에서 편집자로 일한다. 『소피의 세계』 제1권(요슈타인 가아더 지음, 장영은 옮김, 이수열 교열, 김상봉 감수, 현암사, 1994)을 읽고 있다.

디자이너 **기경란**

출판공동체 편않에서 기획 및 디자인을 맡고 있다. 그리고 또 어딘가에서 북디자인을 하고 있다.『자발적 고독』(올리비에 르모 지음, 서희정 옮김, 돌베개, 2019)와 박경리 선생님의『토지』를 N번째 읽고 있다.

언론·출판인 에세이 시리즈 〈우리의 자리〉는

언론·출판 종사자가 각각 자신의 철학이나 경험, 지식, 제언 등을 이야기해 보자는 기획입니다. 언제부턴가 '기레기'라는 오명이 자연스러워진 언론인들, 늘 불황이라면서도 스스로 그 길을 선택하여 걷고 있는 출판인들 스스로의 이야기가 우리 사회의 저널리즘과 출판정신에 어떻게 기여할 수 있을지 계속 고민해 보려고 합니다.

출간 목록

『박정환의 현장: 다시, 주사위를 던지며』

『손정빈의 환영: 영화관을 나서며』

『고기자의 정체: 쓰며 그리며 달리며』

『믿기자의 고심: 기자는 많은데, 언론은?』

『황보람의 저니: 영원한 퇴사』

『오학준의 주변: 끊임없이 멀어지며 가라앉기』

(근간)

『박소영의 해방』

『조현익의 액션』